「原因と結果」の経済学

Causal Inference in Economics

How to discover the "truth" in everyday life

データから真実を見抜く思考法

中室牧子
Makiko Nakamuro
津川友介
Yusuke Tsugawa

ダイヤモンド社

はじめに

本書の冒頭で、読者の皆さんに次のような問いを投げかけてみたいと思う。

・メタボ健診を受けていれば長生きできるのか
・テレビを見せると子どもの学力は下がるのか
・偏差値の高い大学へ行けば収入は上がるのか

「イエス」と答えた人は多いはずだ。

しかし、**経済学の有力な研究は、これらをすべて否定している。**

多くの人がこれらの問いにイエスと答えてしまうのは「因果関係」と「相関関係」を混同しているからである。疑いもなく肯定した人は、ぜひ本書を読んでほしい。きっと目からうろこが落ちるような大きな発見があるはずだ。

次の例で考えてみよう。

体力がある子どもは、学力が高いという場合が多いらしい。**図表1**を見てほしい。体力テストと学力テストの都道府県別平均値の関係をグラフで表したものだ。これを見ると、子どもの体力テストの点数が高い都道府県では、学力テストの正解率も高いことがわかる。

では、「体力があるから学力が高い」と考えてよいのだろうか。つまり、子どもの学力を上げようと思ったら、まずは子どもに体力をつけさせるべきなのだろうか。

もちろんそんなことはない。経済学では、「2つのことがらのうち、どちらかが原因で、どちらかが結果である」状態を**因果関係がある**という。つまり、体力があるという「原因」によって、学力が高いという「結果」がもたらされたのであれば、この関係は因果関係だと言える。一方で、「2つのことがらに関係があるものの、その2つは原因と結果の関係にあるとは言えない」状態を**相関関係がある**という。相関関係の場合、「一見すると原因のように見えるもの」が再び起きても、期待しているような「結果」は得られるとは限らない。因果関係と相関関係をきちんと見分けることが重要である。

「体力があるから学力が高い」というのは、「体力をつけさえすれば、（まったく勉強し

図表1 体力がある子どもは学力が高い？
——小学生の体力と学力の関係

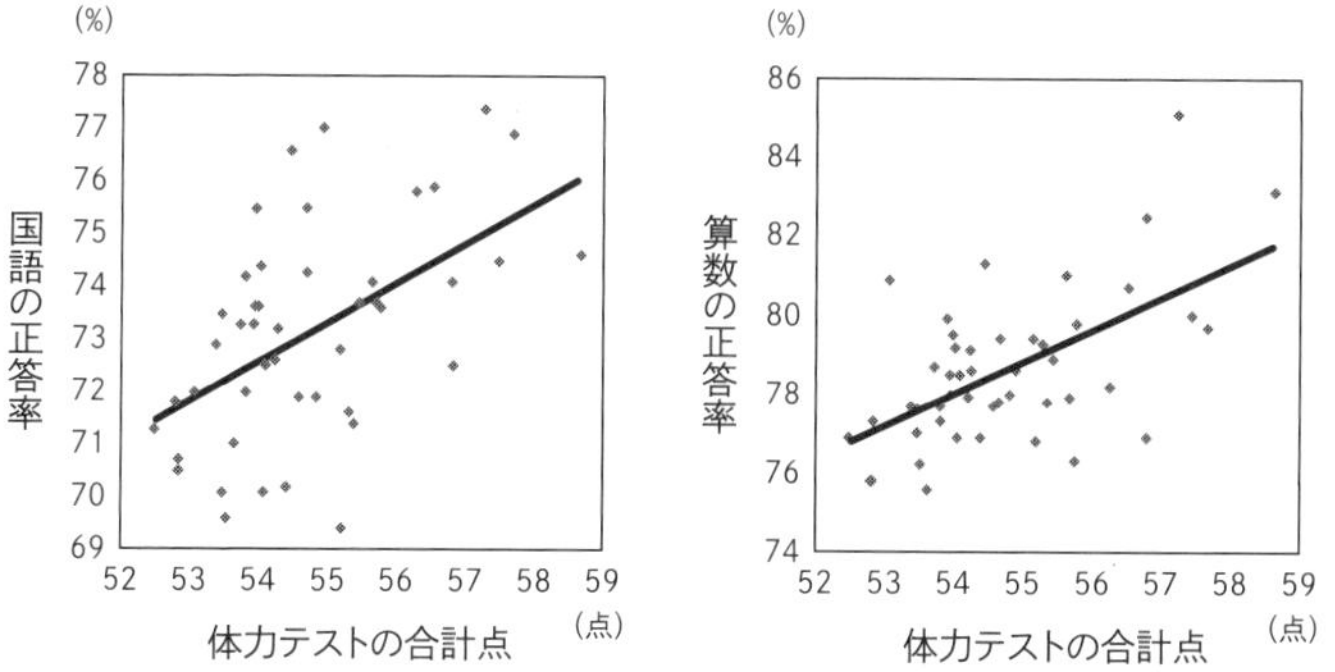

（注）　都道府県別の体力テストと学力テストの平均値の関係。『平成26年度全国体力・運動能力、運動習慣等調査』（文部科学省）、『平成26年度全国学力・学習状況調査』（国立教育政策研究所）より筆者ら作成。

なくても）学力を上げることができる」ということである。これはどう考えてもおかしいから、体力と学力の関係は、因果関係ではなく、相関関係であると考えるのが自然だ。当然、子どもの体力をつけても、学力が上がることはない。

ここから得られる教訓は非常に重要だ。**因果関係と相関関係を混同してしまうと、誤った判断のもとになってしまう。**

子どもの体力と学力のような例であれば、因果関係と相関関係を混同する人は少ないだろう。しかし、世の中にあふれている情報のうち、もう少しもっともらしい話になってくると、何の疑いもなく混同してしまっている人が残念ながら非常に多い。本書の冒頭で紹介した3つの問いに戻って考えてみよう。

・メタボ健診を受けていれば長生きできる
・テレビを見せると子どもの学力は下がる
・偏差値の高い大学へ行けば収入は上がる

この3つの通説が正しいと言うためには、「メタボ健診」と「長生き」、「テレビ」と「子どもの学力」、「大学の偏差値」と「収入」、それぞれのあいだに相関関係ではなく因果関係が存在していなければならない。はたして、この2つのことがらの関係は因果関係なのか、それとも単なる相関関係にすぎないのか、どちらだろうか。順を追ってみていこう。

メタボ健診を受けていれば長生きできるのか

私たちは、学校や会社で健康診断を受けることが多い。[*1] 最もよく知られているのは

「メタボ健診」だろう。メタボ健診によって、自分の健康状態を知り、生活習慣病を予防したり、隠れた病気を発見できれば、長生きにつながるはずだと多くの人が信じているのではないか[*2]。

図表2のグラフを見てみると、メタボ健診で生活指導を受けた人たちは、翌年、腹囲が小さくなり、体重が軽くなり、血糖値や血圧も低くなっているように見える。

一見すると、メタボ健診を受けていれば、健康になり、長生きできると言えそうだ。

でも少し立ち止まって考えてほしい。このデータを根拠に、本当に「メタボ健診を受けているから長生きできる」と言えるのだろうか。ここで重要なことは、メタボ健診と健康の関係は因果関係なのか、それとも相関関係にすぎないのか、ということを明らかにすることである。このデータは、このようにも解釈することができる。「メタボ健診を受けているから長生きできる」（因果関係）わけではなく、「もともと長生きするよう

＊1　「ケンシン」には、メタボ健診のように生活習慣病の予防を目的とする「健診」（健康診断の略）と、がん検診のように特定の病気の早期発見を目的とする「検診」の2つがある。ここでは前者の健診について述べている。

＊2　メタボ健診は、ウエストサイズ、中性脂肪、ＨＤＬコレステロール、血圧、空腹時血糖をもとに診断される。この診断基準の科学的根拠が乏しいという批判もある。

図表2 メタボ健診を受けている人は健康になっている？
——メタボ健診と健康の関係

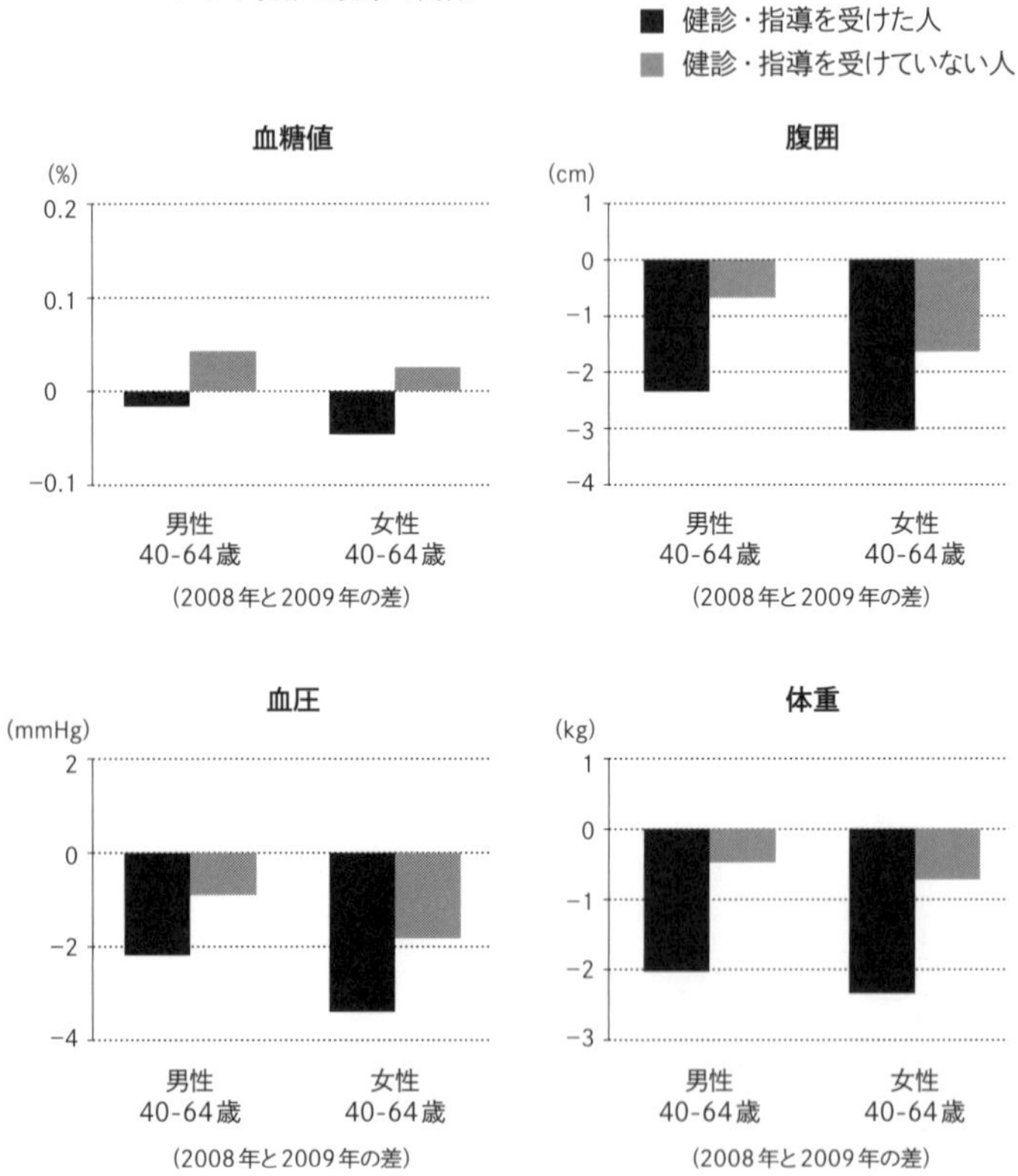

（注） メタボ健診の結果、生活習慣病のリスクが高いと判断された人に対して、保健指導が行われる。指導には、動機づけ支援（原則１回きりの指導）と積極的支援（定期的・継続的な指導）の２つがある。ここでは積極的支援参加者のことを「健診・指導を受けた人」、不参加者のことを「健診・指導を受けていない人」と表現している。血糖値は HbA_{1C}、血圧は収縮期血圧の値を示す。

（出典） 第14回保険者による健診・保健指導等に関する検討会（厚生労働省2015年6月26日）より、一部改変な健康意識の高い人がメタボ健診を受けている」（相関関係）だけではないか、と。

先回りして結論を述べよう。経済学の有力な研究が示すところによると、**メタボ健診と長生きのあいだに因果関係はない**。

このため、「私は毎年健診を受けているから大丈夫」などと考えるのは危険だ。詳しくは第2章で説明する。

テレビを見せると子どもの学力は下がるのか

「子どもがテレビばかり見ている」という悩みを持つ親は多いはずだ。厚生労働省の統計によると、小学校6年生の子どもは平日に約2・2時間、休日には約2・4時間もテレビの前で過ごしているようだ。

図表3をみても、1日3時間以上テレビを見ている子どもは、1時間以下しか見ていない子どもに比べて学力テストの成績が悪い。これを見る限りでは、テレビを見せることは学力に悪影響を及ぼしているように見える。

しかし、テレビの視聴と子どもの学力の関係が、因果関係なのか相関関係なのかをよく考える必要がある。「テレビを見るから学力が低くなる」（因果関係）のか、「学力の

図表3　よくテレビを見る子どもの学力は低い？

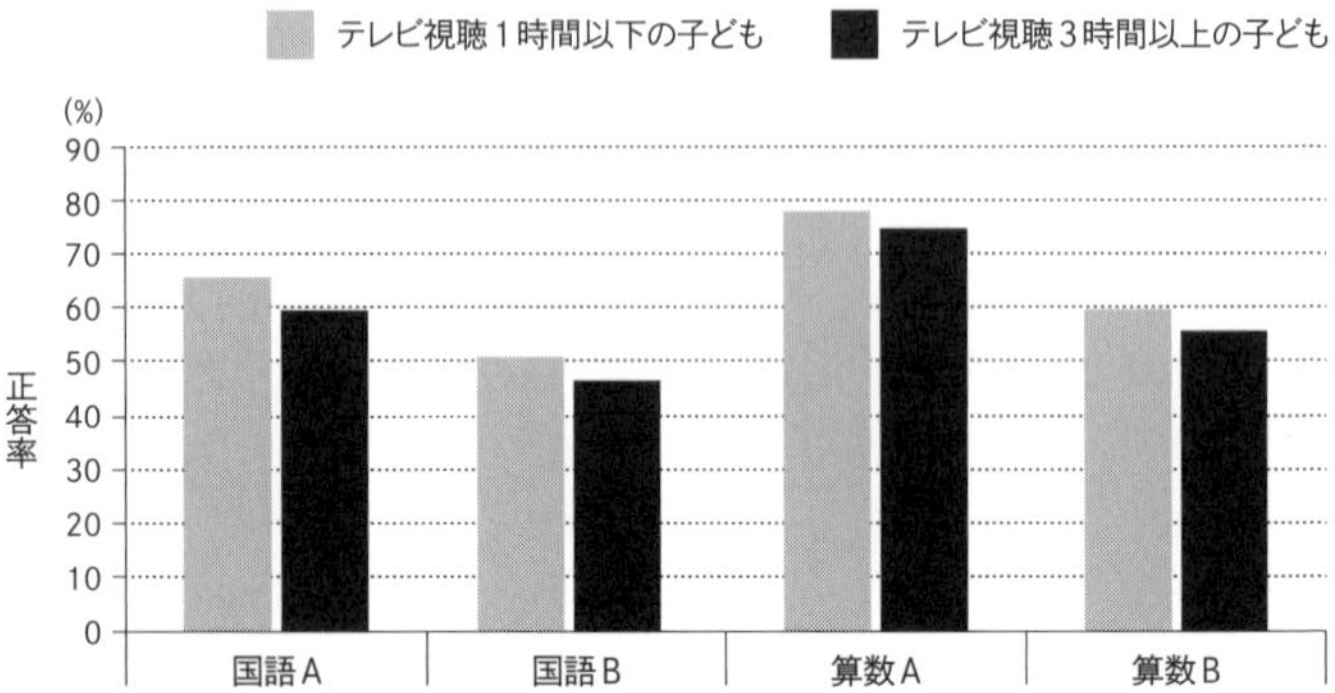

（注）　学力テストの結果は、小学6年生の「全国学力学習状況調査」の国語と算数の正答率を用いた。
Aは基礎、Bは応用問題を指す。

（出典）文部科学省『平成27年度全国学力調査』

低い子どもほど、よくテレビを見ている」（相関関係）だけなのか、どちらだろうか。

この問いについても先回りして答えてしまおう。経済学の有力な研究によれば、テレビの視聴時間と学力のあいだには確かに因果関係があるのだが、**テレビを見ている時間が長くなると、学力は低くなるのではなく、逆に高く**なることが示唆されている。詳しくは第5章で説明する。

偏差値の高い大学へ行けば収入は上がるのか

「偏差値の高い大学へ行けば将来の収

図表4 偏差値の高い大学を出た人の収入は高い？
――卒業大学別平均年収（上位10大学）

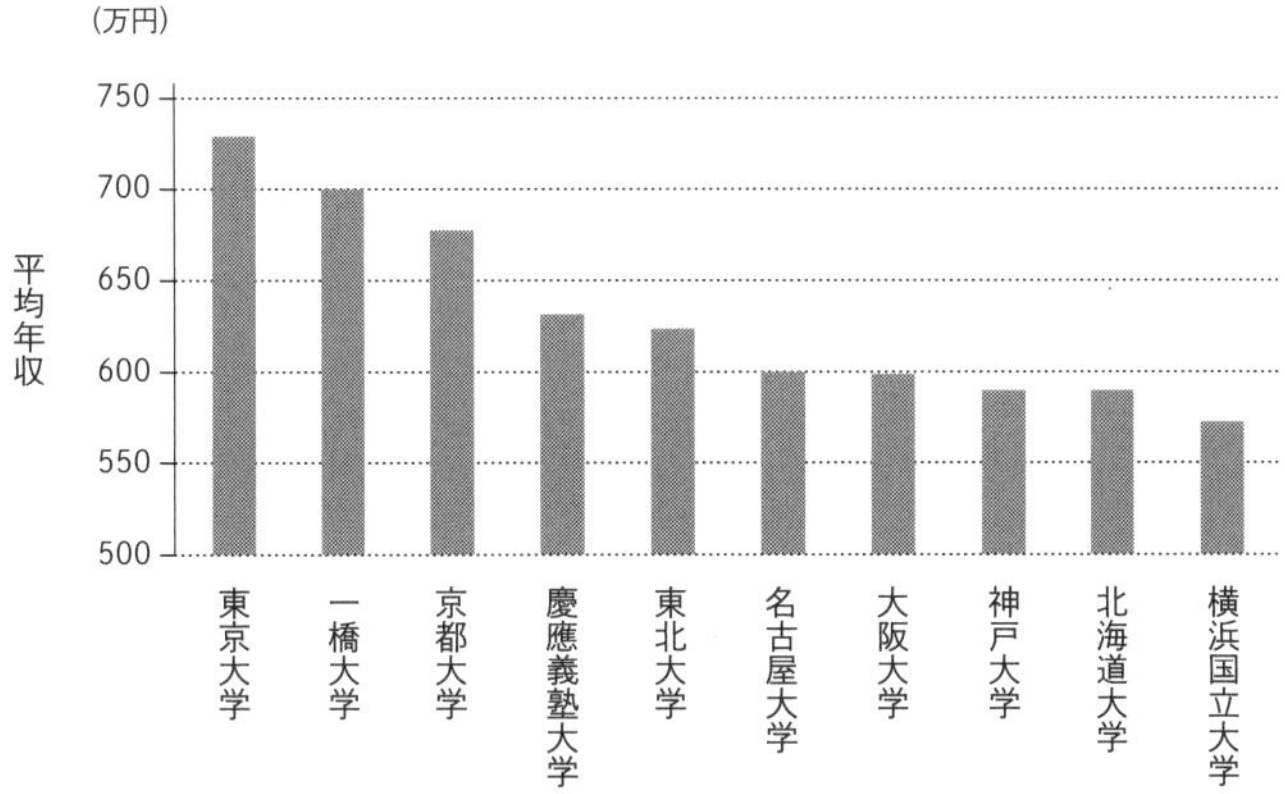

（出典）DODA ウェブサイト　https://doda.jp/careercompass/ranking/daigaku_nenshu.html

入が高くなる」と信じている人は多い。実際にデータを見てみると、偏差値の高い大学の出身者は年収が高い傾向がある（**図表4**）。

ここでも重要なのは、大学の偏差値と年収の関係が因果関係と相関関係のどちらなのかということだ。「偏差値の高い大学に行ったから収入が高い」（因果関係）わけではなく、「将来の収入が高くなるような潜在能力が高い人ほど偏差値の高い大学に行っている」（相関関係）だけかもしれない。

この問いについても先回りして答えてしまおう。経済学の有力な研究によると、**大学の偏差値と将来の収入のあいだに因果関係はない**。偏差値の高い大学に行けば、自然と人生が切り開けるわけではない。詳しくは第7章で説明する。

因果関係が存在しないことの何が問題なのか、と思う人もいるだろう。メタボ健診を受けないより受けたほうが、テレビばかり見るよりほどほどにしたほうが、偏差値の低い大学よりは高い大学に行くほうがましだろう、と考える人もいるのではないか。

しかし、**私たちが何か行動を起こすときには、けっこうなお金や時間がかかる**ことが多いということを忘れてはならない。因果関係があるように見えるが、実はそうではない通説を信じて行動してしまうと、期待したような効果が得られないだけではなく、お金や時間まで無駄にしてしまう。そのお金や時間をきちんと因果関係に基づいたことに用いれば、よい結果が得られる確率ははるかに高くなるだろう。

「因果推論」を理解すれば思い込みから自由になれる

本当に因果関係が存在するのか。最近の経済学の研究は、この問いに答えることに大変なエネルギーを注ぎ込んでいる。因果関係なのか相関関係なのかを正しく見分けるための方法論を「**因果推論**」と呼ぶ。

「因果」とは文字どおり「原因と結果」のことであり、「推論」とは「ある事実をもとにして、ほかの事を推しはかること。推理や推定を重ねて結論を導くこと」だ。[*3] つまり、2つのことがらがそれぞれ原因と結果なのかどうかを評価し、結論を導くことである。

日常生活の中でも、因果関係と相関関係の違いを理解し、「本当に因果関係があるか」を考えるトレーニングをしておけば、思い込みや根拠のない通説にとらわれることなく、正しい判断ができるだろう。 このため本書は、因果推論の根底にある考えかたを徹底的にわかりやすく説明するために執筆された。因果推論の「入門の入門」ととらえてもらえばいい。入門の入門なのだから、当然、経済学の前提知識を必要としないし、数式なども一切用いない。

また本書では、因果推論とデータを用いた経済学の研究結果を紹介し、その解釈＝読

＊3　松村明編『大辞林』第三版、三省堂、2006

み解きかたについての説明にも十分な紙面を割いた。「ビッグデータ」が流行語になっている現代では、誰でも簡単にデータ分析ができるようになった。しかし、これは**必ずしもデータ分析の結果を正しく解釈できるようになったことを意味しない**。ビッグデータ時代を生き抜くためには、データ分析だけでなく、データ分析の結果を解釈するスキルも身に付けておく必要がある。

ここで自己紹介をしよう。著者の1人である中室牧子は教育経済学者である。データと経済学の手法を用いて、どのような教育が子どもたちの学力や能力を伸ばすことができるのかということを研究している。個人の体験に基づいた教育論ではなく、因果関係を示唆する科学的根拠に基づいた子育てや教育政策の重要性を訴えている。

もう1人の津川友介は医師かつ医療政策学者である。ビッグデータを用いて、医療の質を改善しながら医療費の伸びを抑える方法を研究している。ハーバード大学で、アメリカを代表する医療経済学者の1人であるジョセフ・ニューハウスや、因果推論を体系化した第一人者であるドナルド・ルービンなどから直接因果推論の考えかたを学んだ。

大学の授業で「因果推論」を学ぶアメリカでは、ビジネスや政策の現場はもちろんのこと、日常会話の中でも因果関係を意識した発言をする人が多い。一方、日本では因果推論を体系的に学ぶ機会はほとんどない。このためか、テレビや新聞が相関関係にすぎないことを因果関係があるかのように報道しているのをしばしば目にする。企業経営者や政策担当者ですらも、因果関係と相関関係を混同している場面に出くわすことが多い。

因果関係がはっきりしない、根拠のない通説が山のようにあるのが、教育と医療の分野だ。本書では、私たちの生活に欠かすことのできない教育と医療を事例にして、読者の皆さんが因果推論の基本的な考えかたを身に付けられるよう力を尽くした。

19世紀を代表するアメリカの思想家・作家であるラルフ・エマーソンはこう言っている。「軽薄な人間は運勢を信じ、強者は因果関係を信じる」。「因果推論」は、データ氾濫時代に必須の教養なのである。

「原因と結果」の経済学 目次

第1章 根拠のない通説にだまされないために
「因果推論」の根底にある考えかた

第3章 男性医師は女性医師より優れているのか

たまたま起きた実験のような状況を利用する「自然実験」 077

第4章 認可保育所を増やせば母親は就業するのか
「トレンド」を取り除く「差の差分析」

第7章 偏差値の高い大学に行けば収入は上がるのか

似た者同士の組み合わせを作る「マッチング法」

第1章

根拠のない通説にだまされないために

「因果推論」の根底にある考えかた

図表1-1　相関関係は、因果関係と疑似相関に分かれる

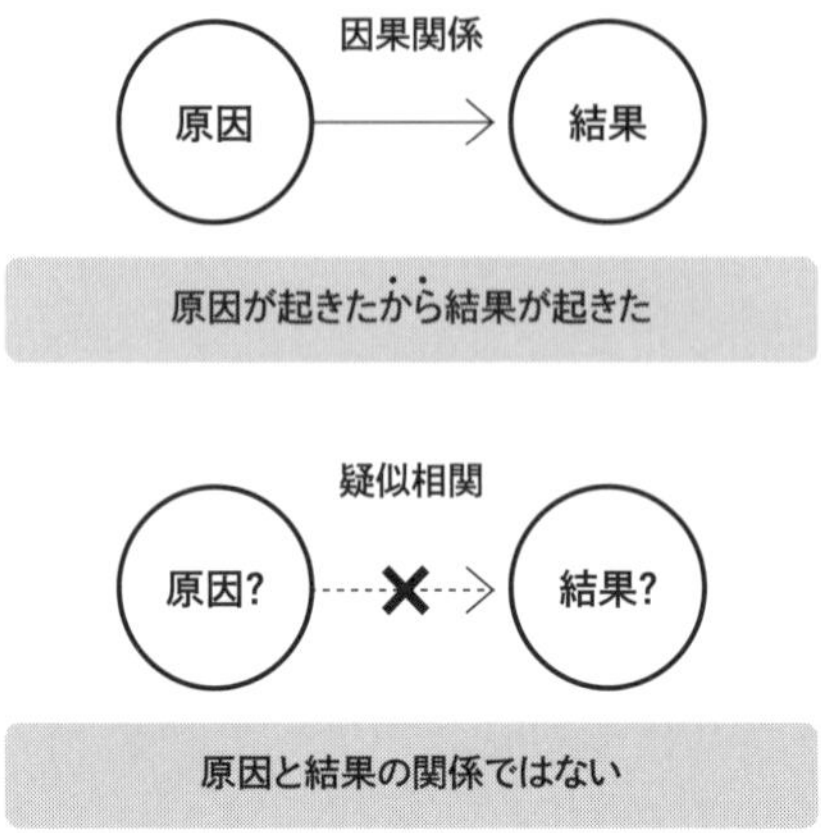

「因果関係」「相関関係」とは何か

因果関係と相関関係について、改めて整理してみよう。

2つのことがらに何らかの関係性があることを「相関関係」があると表現する。そして、相関関係は、因果関係と疑似相関の2つに分けられる。2つのことがらのうち、片方が原因となって、もう片方が結果として生じた場合、この2つのあいだには「**因果関係**」があるという。一方、片方につられてもう片方も変化しているように見えるものの、原因と結果の関係にない場合は「**疑似相関**」という（**図表1-1**）。疑似相関の場合、何

らかの関係が成り立っているものの、因果関係はない。

ここでいう「ことがら」のように、さまざまな値をとるデータのことを、「**変数**」と呼ぶ。変数は年齢や身長のように数値のこともあれば、性別のように男性・女性いずれかの値をとる文字のこともある。本書では、変数を（1）「原因」（2）「結果」の2つに分けて考えていくことにしよう。[*1]

2つの変数の関係が本当に因果関係なのか。これを明らかにするために必要な考えかたが「**因果推論**」である。

因果関係を確認する3つのチェックポイント

2つの変数の関係が因果関係なのか、相関関係なのかを確認するために、次の3つのことを疑ってかかることをおすすめしたい。その3つとは、

＊1　学問分野によっては、「原因」のことを「独立変数」「説明変数」「処置」「暴露因子」などと呼ぶこともある。また「結果」のことを「従属変数」「被説明変数」「アウトカム」などともいう。

1.「まったくの偶然」ではないか
2.「第3の変数」は存在していないか
3.「逆の因果関係」は存在していないか

である。

1.「まったくの偶然」ではないか

「地球温暖化が進むと、海賊の数が減る」と誰かが主張したら、この人はなんておかしなことを言っているのだろうと思うかもしれないが、**図表1-2**を見ると、実際、地球温暖化が進むのに合わせて、海賊の数が減っているように見える。

しかし、常識的には「地球温暖化が進んだから海賊が減った」とは考えにくい。一見この2つのあいだに関係があるように見えるのは、「**まったくの偶然**」だからである。

このように、単なる偶然にすぎないのだが、2つの変数がよく似た動きをすることを「見せかけの相関」と呼ぶ。

米軍の情報アナリストのタイラー・ヴィーゲンが執筆した『見せかけの相関』には、

図表1-2 地球の温暖化が進むと海賊の数が減る？
——まったくの偶然

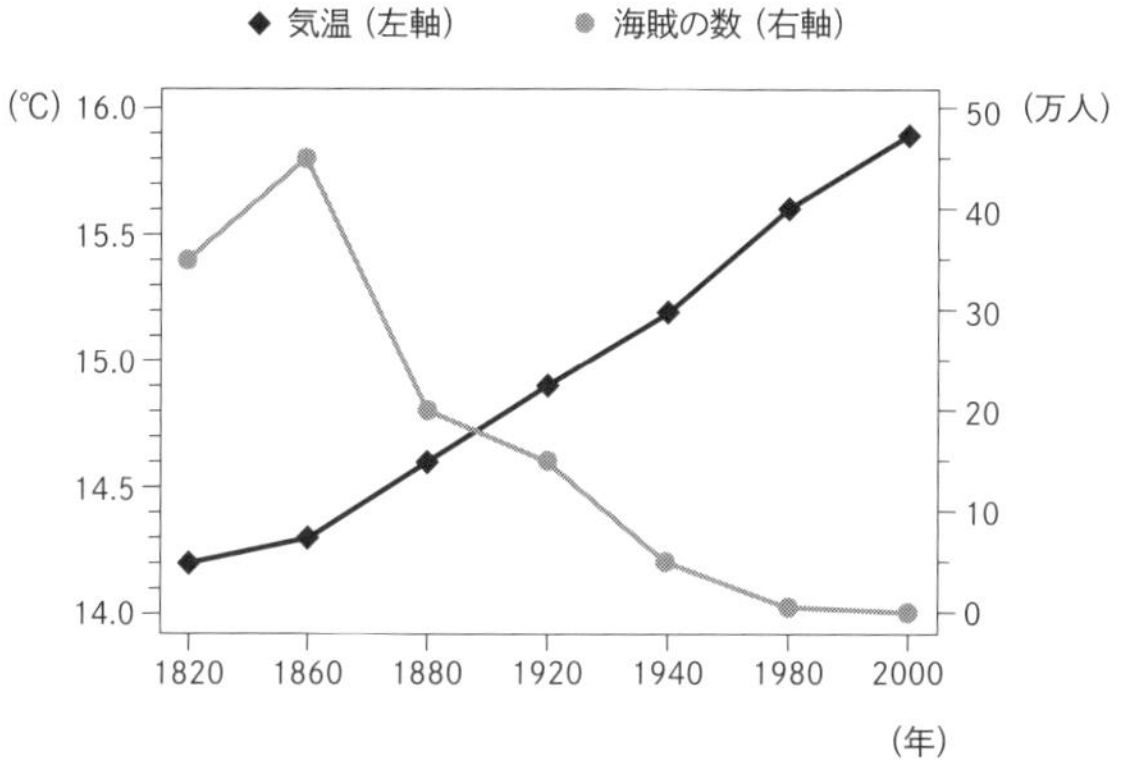

（出典）Forbes ウェブサイト（http://www.forbes.com/sites/erikaandersen/2012/03/23/true-fact-the-lack-of-pirates-is-causing-global-warming/#1606f14ca231）を元に筆者ら作成。

「まったくの偶然」の例が数多く紹介されている。たとえば、「ニコラス・ケイジの年間映画出演本数」と「プールの溺死者数」（図表1-3）、「ミス・アメリカの年齢」と「暖房器具による死亡者数」（図表1-4）や、「商店街における総収入」と「アメリカでのコンピューターサイエンス博士号取得者数」（図表1-5）のあいだには、それぞれ強い相関関係があることが示されている。

言葉にするとあまりにもバカげた関係だが、2つの変数をグラフにしてみると驚くほどきれいな相関関係が見てとれる。まさに「風が吹けば

図表1-3 ニコラス・ケイジの年間映画出演本数とプールの溺死者数

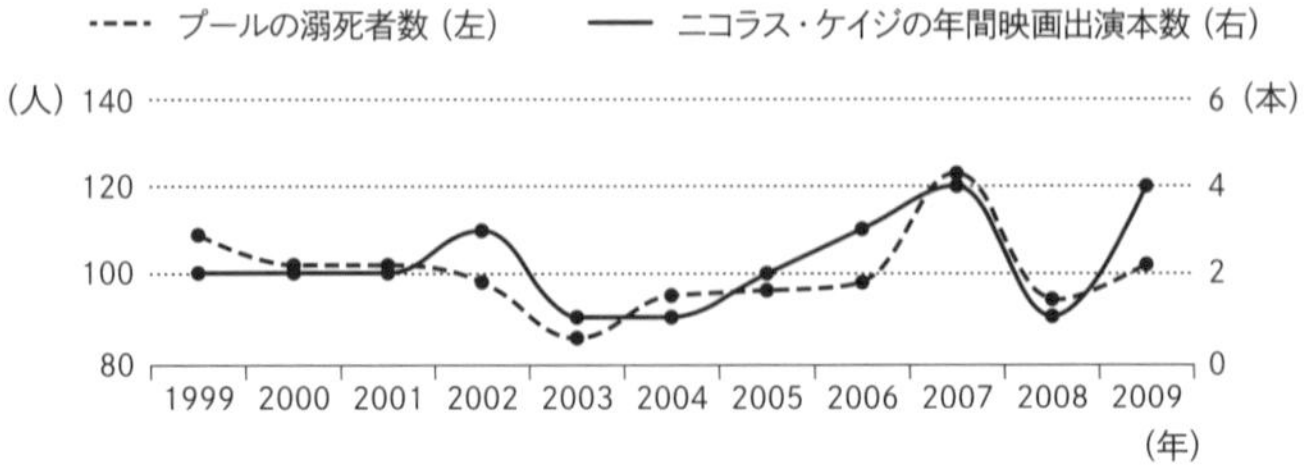

図表1-4 ミス・アメリカの年齢と暖房器具による死者数

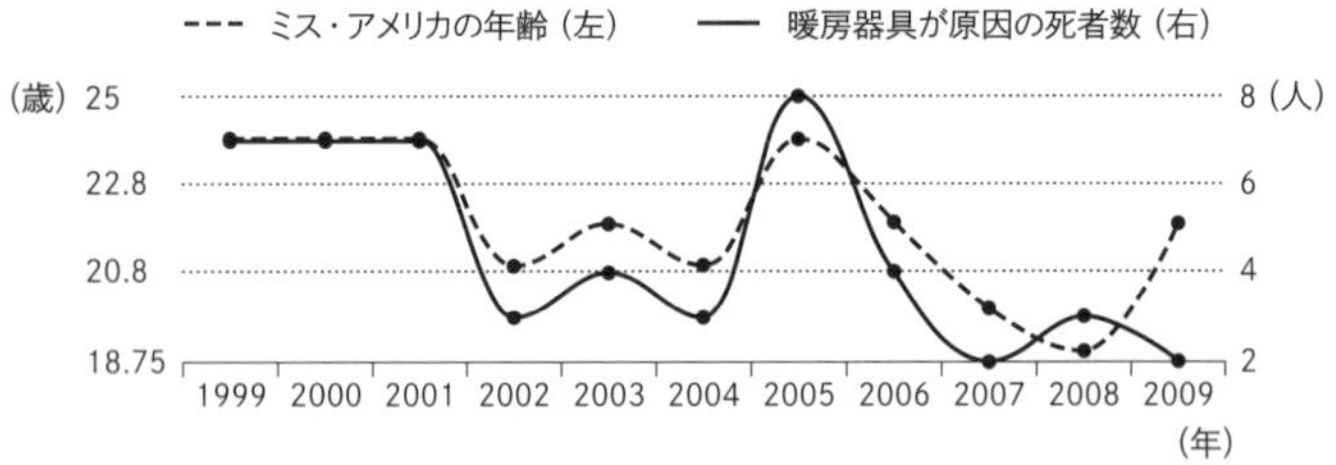

図表1-5 商店街における総収入とアメリカでのコンピューターサイエンス博士号取得者数

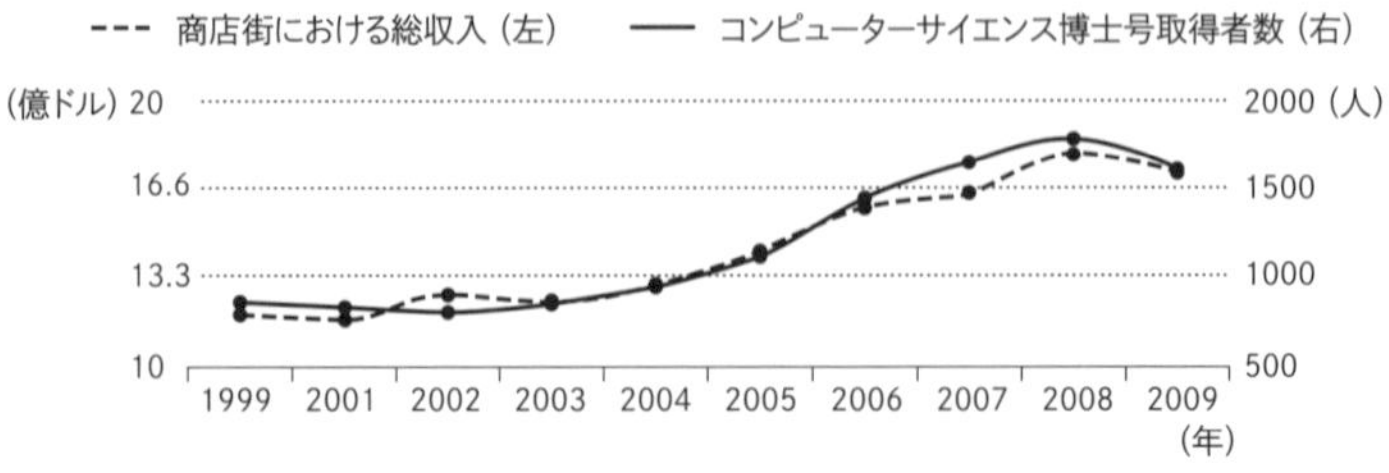

（出典）タイラー・ヴィーゲンのホームページ　http://tylervigen.com/spurious-correlations

桶屋が儲かる」といったところだが、こうした「まったくの偶然」によって表れる相関関係が意外にも多いということを心に留めておかねばならない。

「見せかけの相関を因果関係と勘違いする人なんているのか」と思うかもしれない。しかし、株価の予測をする人たちの中には、まったくの偶然で生じる見せかけの相関を、根拠はないがよくあたる経験則として信じている人も多い。

たとえば、宮崎駿監督率いるスタジオジブリの映画が日本のテレビで放映されると、アメリカの株価が下がるという「ジブリの呪い」の話を聞いたことがある人もいるだろう。この法則は、アメリカの『ウォール・ストリート・ジャーナル』までもが取り上げて話題となった。これはまさしく、「まったくの偶然」による見せかけの相関の典型例だ。[*2]

「因果関係かどうか」を検討するときには、**2つの変数の関係がまったくの偶然にすぎないのではないかということをまず疑ってみる**ことが重要である。

＊2　こうした法則が認識されると、それを見込んだ投資行動が起こるようになり、まったくの偶然と言えなくなってくる。これは「ノイズ・トレーダー」が存在する場合の理論として経済学で分析されている。

2.「第3の変数」は存在していないか

次に私たちが疑ってかからなければならないのは、原因と結果の両方に影響を与える「第3の変数」の存在だ。専門用語で「**交絡因子**《こうらくいんし》」と呼ぶ。[*3] これは、相関関係にすぎないものを因果関係があるかのように見せてしまう厄介者だ。

交絡因子の具体例を見てみよう。「はじめに」で述べたとおり、「体力がある子どもは学力が高い」と言われている。このことを知って、子どもに運動をさせようと考える親もいるかもしれない。

しかし、体力と学力とのあいだに因果関係があると断定するのは早計だ。子どもの体力にも学力にも両方影響している第3の変数があるかもしれない（**図表1-6**）。たとえば「親の教育熱心さ」などがある。教育熱心な親は、子どもにスポーツを習わせたり、食事に気をつけたりする（体力に影響を与える）だろうが、同時に子どもを勉強するように仕向けるだろうから、学力も高い（学力に影響を与える）傾向がある。この場合、本当に子どもの学力を上げているのは体力ではなく「親の教育熱心さ」だ。もしそうなら、無理やり体力をつけさせても、子どもの学力は上がらないだろう。

「因果関係かどうか」を検討するときには、原因と結果の両方に影響を与える**交絡因子**

図表1-6 相関関係を因果関係のように見せてしまう「交絡因子」

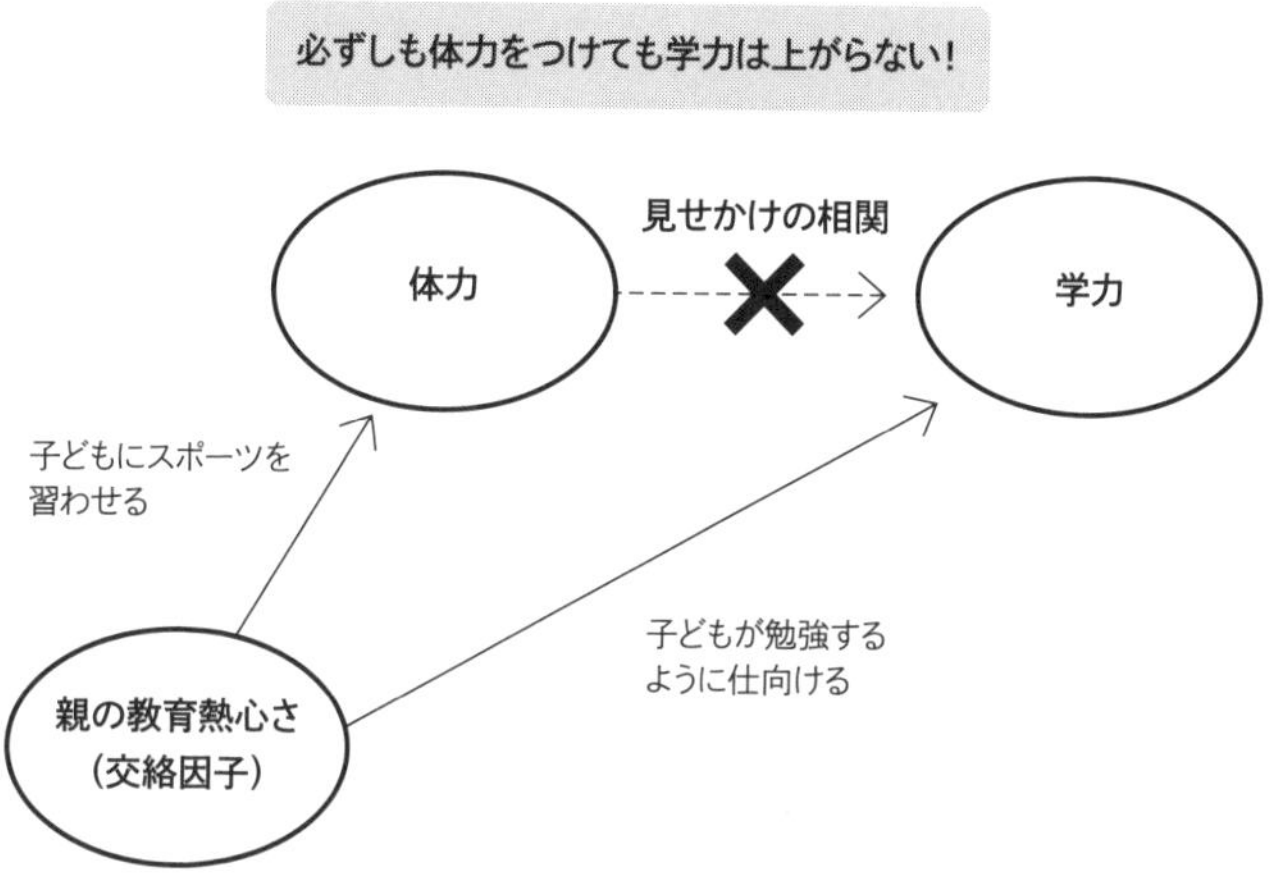

が存在しているかどうかを疑ってみることが重要だ。

3.「逆の因果関係」は存在していないか

次に私たちが疑ってみる必要があるポイントは、「**逆の因果関係**」の存在である。たとえば、警察官と犯罪の関係について考えてみよう。警察官の人数が多い地域では、犯罪の発生件数も多い傾向がある。しかし、警察官が多いということが原因で、犯罪の発生件

＊3　経済学には「欠落変数」という用語があり、「交絡因子」とかなり近い概念である。用語の定義に関する詳細は専門書に譲る。

図表1-7　因果関係と疑似相関のまとめ

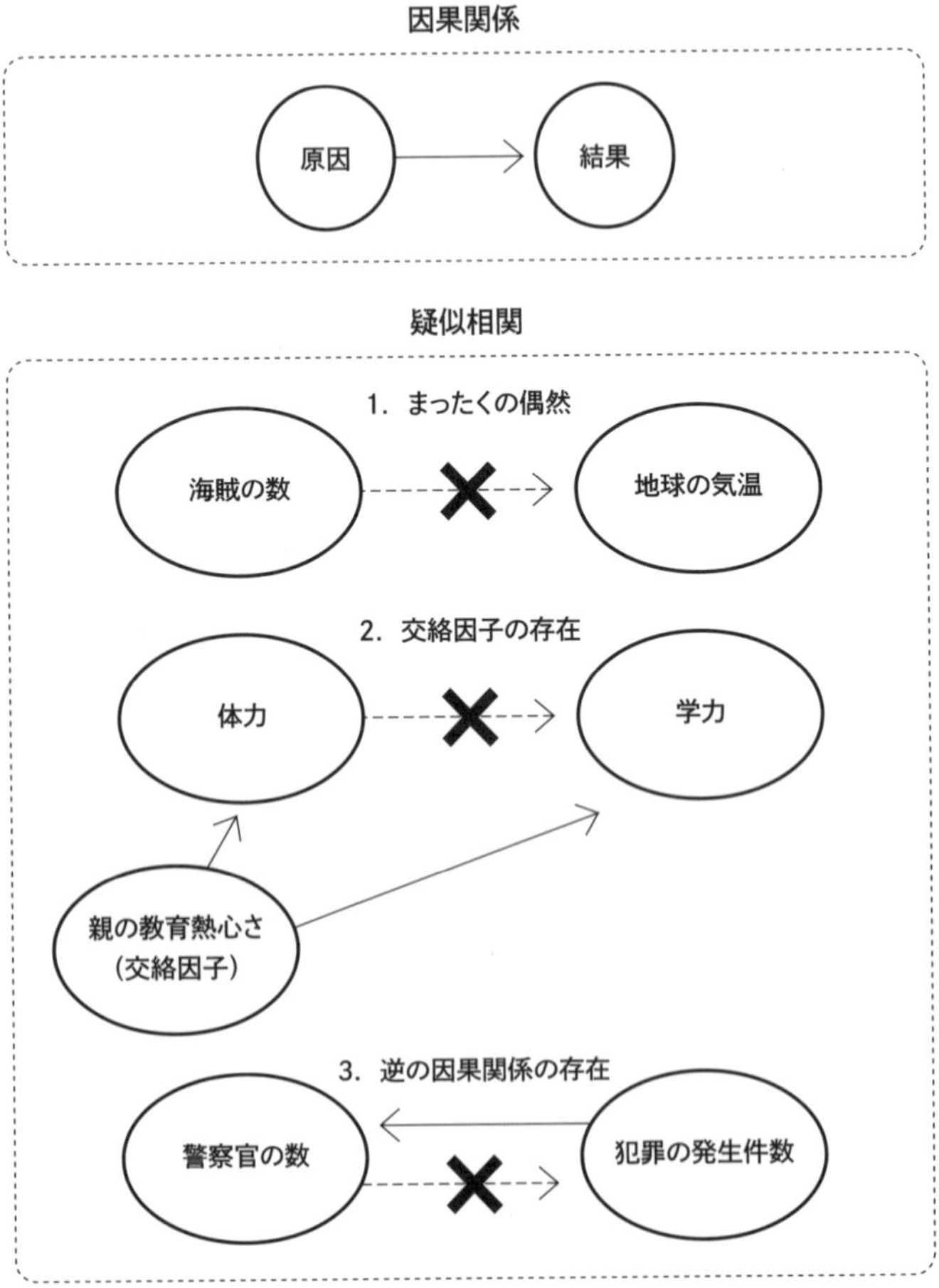

数が多いという結果を引き起こしたと考えるのにはやや無理がある（警察官→犯罪）。

むしろ、犯罪が多い危険な地域だから、多くの警察官を配置していると考えたほうが理にかなっている（犯罪→警察官）。このように原因と思っていたものが実は結果で、結果であると思っていたものが実は原因である状態のことを「逆の因果関係」と呼ぶ。因果関係かどうかを検討するときは、**原因と結果の方向が逆ではないかを疑ってみることも重要**である。


ここまで説明した内容を、**図表1-7**に沿って、今一度まとめてみよう。

2つの変数が因果関係にある場合、再び原因が起こったなら、同じ結果が得られる。「まったくの偶然」「交絡因子」「逆の因果関係」は存在しない。一方、2つの変数の関係が疑似相関にすぎない場合は、「まったくの偶然」「交絡因子」「逆の因果関係」のいずれかが存在している。疑似相関の場合、再び原因が起こったとしても、同じ結果が得られるとは考えにくい。

因果関係を証明するのに必要な「反事実」

この3つが存在しないということを、どのように証明すればよいのか。その方法が、現実と「**反事実**」を比較することだ。[*4] 反事実とは「仮に○○をしなかったらどうなっていたか」という、実際には起こらなかった「たら・れば」のシナリオのことを指す。現実に起こったシナリオを「事実」というのに対して、事実と反対のことを思い浮かべるという意味で、「反事実」という。

私たちは日常生活でも、こんな風に考えることがあるはずだ。

「あのとき、この会社に転職していなかったら、今の収入はどうなっていただろう」

「あのとき、彼と結婚する決意をしていたら、今頃私はどんな生活をしていただろう」

かつて、フランスの哲学者であるブレーズ・パスカルはこう言ったといわれる。

「クレオパトラの鼻がもう少し低かったら、世界の歴史は変わっていただろう」

これらはまさしく反事実の考えかただ。

因果関係の存在を証明するためには、**原因が起こったという「事実」における結果**

と、原因が起こらなかったという「反事実」における結果を比較しなければならない。

タイムマシンがないと反事実は作れない？

「反事実」は因果推論の最も重要な概念なので、例を使って詳しく説明しよう。

あなたは、全国にチェーン展開しているジュエリーショップを経営する企業の広報部長だとする。売上を伸ばすために広告を出すことを考えている。幸いなことに、二枚目俳優を用いたとても魅力的な新聞広告ができた。掲載時期もクリスマスに合わせ、12月の上旬に決まる。

あなたの思惑どおり、広告を出した後に劇的に客足が増え、売上が前年同期比で30％増加した。予約が殺到し、従業員はフル稼働している。あなたはこの状況を喜ばしいと思うだろう。そして、社長の前でこう言うに違いない。

「今年の売上は前年同期比30％増です。これは（私が企画した）新聞広告の効果です！」

＊4 「反事実」のことを「反実仮想」と呼ぶこともある。

図表1-8　広告と売上のあいだの因果関係を調べる

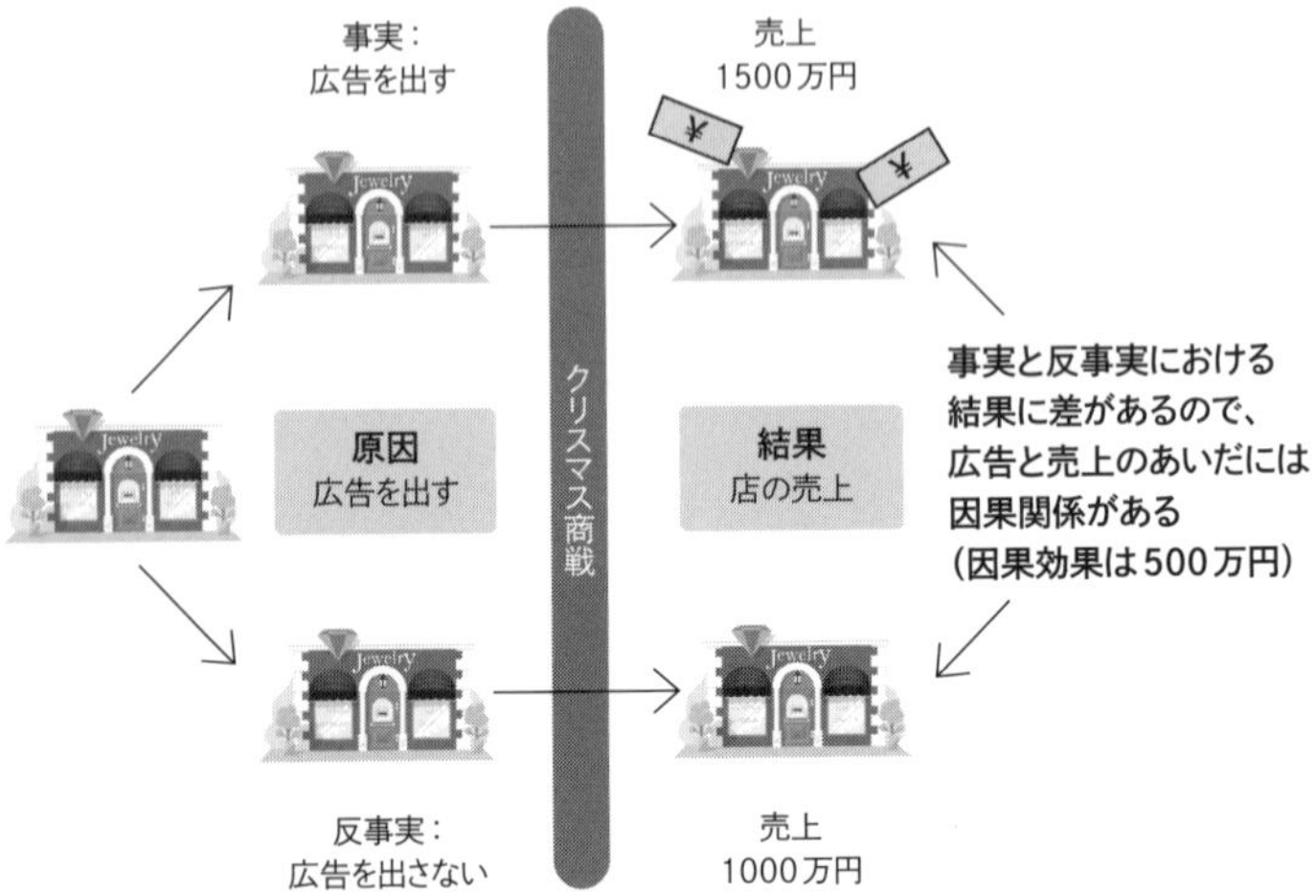

しかし、少し立ち止まって冷静に考えてみよう。広告と売上のあいだには、本当に因果関係があるのだろうか。「広告を出したから売上が伸びた」（因果関係）わけではなく、「実は広告を出していなかったとしても売上は伸びていた」（相関関係）だけかもしれない。

広告と売上のあいだに因果関係があるかどうかを知るためには、どうすればよいのだろうか。

やや非現実的な想像をしてみよう。読者の皆さんは、映画「バック・トゥ・ザ・フューチャー」をご存じだろうか。1980年代に人気を博したSF映画で、科学者が発明したタイムマシンが登場する。このタイムマシンを使えば、「広告を出したから売上が伸びた」という因果関係があると証明できる。

図表1-8を見てほしい。あなたの企業が広告を出す。このときクリスマス商戦の売上は1500万円だった（事実における売上）。そのことを見届けた後で、あなたはタイムマシンに乗り、あなたの企業が広告を出したタイミングまでタイムスリップをする。そして今まさに広告を出そうとしている過去のあなたを思いとどまらせた。このとき、クリスマス商戦の売上は1000万円にとどまった（反事実における売上）。

これなら、まぎれもなく広告を出したから売上は伸びた、すなわち広告と売上のあいだに因果関係があると言えるだろう。

つまり、タイムマシンが使えれば、「もし広告を出さなかったら」という反事実における売上を知ることができ、広告と売上のあいだに因果関係があるかどうかを確認できる。それだけでなく、広告にどのくらいの効果があったのかも知ることが可能である。広告を出したときの売上である1500万円から広告を出さなかったときの売上1000万円を引いた500万円が、広告によって伸びた売上であり、これを広告の「**因果効果**」と呼ぶ。[*5]

＊5 「因果効果」のことを「処置効果」と呼ぶこともある。

ここで1つ問題がある。現実には、**事実は観察できても、反事実は観察することができない**ということである。バック・トゥ・ザ・フューチャーに出てくるようなタイムマシンはいまだ空想上の産物であり、過去に戻って広告を出さなかったときの売上がどうなったのかを見てくることなどできないからだ。

ハーバード大学の統計学者で因果推論を体系化した第一人者であるドナルド・ルービンは、これを「因果推論における根本問題」と呼んだ。しかし、因果関係を明らかにするためにはどうしても反事実が必要となる。

反事実を「もっともらしいデータ」で穴埋めする

実は「因果推論における根本問題」を克服し、反事実を作り出すことこそが、因果推論に基づくさまざまな手法の根幹である。そのため、経済学者はどのような値をとるかわからない「反事実における結果」をなんとか**もっともらしいデータで埋めようとする。**

再びジュエリーショップの例に戻ろう。あなたが勤めているジュエリーショップは、全国の4つの地域に店舗を構えている。そしてクリスマス商戦に合わせて、これから新聞広告を出すことを考えている。予算の制約もあり、まず4つの地域のうち、地域1、地域2で広告を出すことにした。

あなたは、広告がどの程度売上を上げるのかという因果効果を知りたいとする。広告の因果効果は、広告を出したときの事実における売上と、まったく同じ状況で広告を出さなかったときの反事実における売上の差である。もし、（現実にはあり得ないことだが）反事実を知ることができていたとしたら、**図表1-9**のようになる。

図表1-9では、1カ月の売上を1万円単位で示している。たとえば地域1では広告を出し、売上は1300万円だった。また、この地域が仮に広告を出さなかった場合の売上は900万円であったということを表している。

このように各地域で広告を出したときと出さなかったときの売上を知ることができれば、地域ごとに広告の因果効果を算出することができる。地域ごとの因果効果の平均値を取れば、企業全体における広告の因果効果を計算できる。図表1-9によると、企業全体の広告の因果効果は500万円となる。

残念ながら、現実世界では反事実における売上を知ることはできない。実際にあなたが見ることができるのは、**図表1-10**である。ここでは反事実の売上はすべて「?」と

図表1-9 反事実が観察できれば因果効果がわかる
——架空のジュエリーショップの売上

	地域	広告を出したときの売上（A）	広告を出さなかったときの売上（B）	因果効果（A－B）
広告あり	1	1300万円	900万円	400万円
広告あり	2	1700	1100	600
広告なし	3	1600	1200	400
広告なし	4	1400	800	600
	平均値	1500	1000	**500**

図表1-10 現実世界では反事実は観察できない
——現実のジュエリーショップの売上

	地域	広告を出したときの売上（A）	広告を出さなかったときの売上（B）	因果効果（A－B）
広告あり	1	1300万円	?万円	?万円
広告あり	2	1700	?	?
広告なし	3	?	1200	?
広告なし	4	?	800	?
	平均値	1500	1000	**?**

図表1-11　反事実を「もっともらしいデータ」で埋める

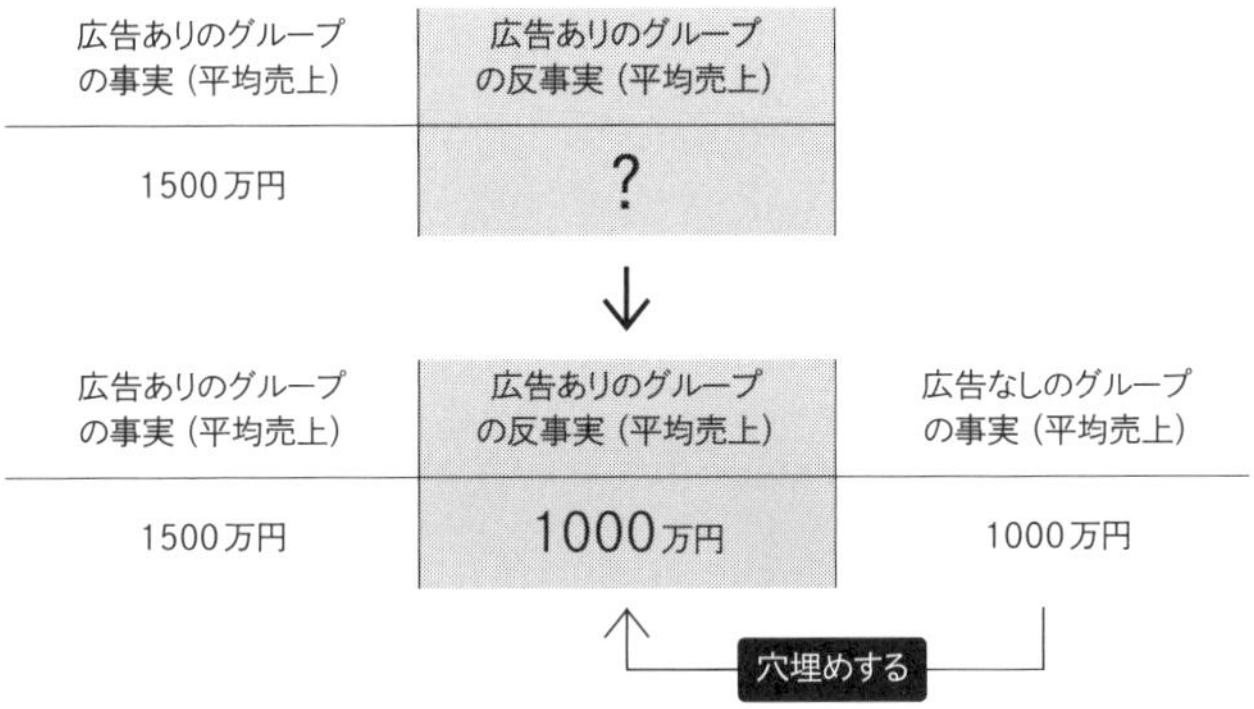

なっていて、タイムマシンがない限りわからない。この「?」をどうやってもっともらしいデータに置き換えればよいのだろうか。

たとえば、こんな風には考えられないだろうか。広告を出した２つの地域（地域１、地域２）と、広告を出さなかった残りの地域（地域３、地域４）をそれぞれグループとして見てみる。すると、広告ありのグループがもし広告を出さなかった場合の売上は、広告なしのグループの売上とだいたい同じくらいになるのではないか。もしそうなら、広告ありのグループの反事実を、広告なしのグループの売上で穴埋めすればよい（**図表1-11**）。

そして、あなたの企業全体における広告の因果効果は、広告ありのグループの売上の平均値（１５００万円）から、広告なしのグループの売上の平均値（1000万円）を引いたもの（1500万円－1000万円）である500万円と考えることができる。

「比較可能」なグループでないと穴埋めはできない

実は、ある条件が満たされれば、この考えは正しい。その条件とは、**広告ありのグループと、広告なしのグループが、「比較可能」であると**いうことである。

もし広告ありのグループが大都市にあり、住民の所得が高かったとする。一方、広告なしのグループは地方都市にあり、あまり宝石を買わない地域だったとする。この場合、「広告ありのグループの反事実における売上を、広告なしのグループの売上で穴埋めすることはできない。

「比較可能」とはどういうことだろうか。2つのグループにおいて、人口や平均的な所得、流行の感度など、**宝飾品の売上に影響しそうなすべての特徴が似通っていて、2つのグループの唯一の違いは「広告を出したかどうか」だけだとすれば、この2つのグループは「比較可能」である**と言える。

しかし実際には、ジュエリーショップの売上に影響しそうなすべての特徴が似通っている2つのグループなどというのはまず存在しない。では、「だいたい同じ」ような2つのグループを比較するのではダメなのかと思った人もいるだろう。

残念ながら、「だいたい同じ」を「比較可能」と呼ぶことはできない。たとえば、こんな例を考えてほしい。2つのグループはだいたい同じような地域なのだが、広告を出したかどうか以外にも、たった1つだけわずかな違いがあった。それは広告を出した地域のグループと、広告を出さなかった地域のグループとでは、放送されたテレビ番組が違っていたのである。このとき、広告を出した地域では、ジュエリーショップの目玉商品をつけた人気女優がドラマに出演していた。だが、広告を出さなかった地域ではそのドラマは放送されなかった。

たとえわずかな違いでも、この差を見過ごすことはできない。もし、この状態で、広告ありのグループのほうが広告なしのグループよりも売上が伸びていたとしても、それが広告によるものなのか、それともドラマによるものなのかわからない。仮に、広告の効果よりも、ドラマの効果のほうがずっと大きかったらどうなるか。おそらく、来年のクリスマスにもう一度広告を出しても、期待されたような売上にはならないだろう。

だから、広告を出したかどうかという違いを除いては、ジュエリーショップの売上に影響しそうなすべての特徴が似通っている2つのグループを比較することが重要になってくるのだ。

しかし、現実にそういう事例を見つけ出してくることは至難の業だ。だからこそ、経済学者は、さまざまな手法を駆使して、とうてい似通っているとは言いがたいような2つのグループでさえも「比較可能」にしようとする。その方法については第2章以降で詳しく説明していく。

反事実を正しく想像できないと根拠のない通説にだまされる？

ここで繰り返し強調しておきたい。因果関係を明らかにするためには、事実における結果と、反事実における結果を比較する必要がある。しかし、残念ながら多くの人は、このことに気づいていない。因果関係がないのにもかかわらず、あたかも因果関係があるかのように勘違いしてしまうということは、たいていの場合、反事実を正しくイメージできていない場合に起こる。

たとえば、子どもを有名大学に合格させたという母親が書いた本に「一切子どもにテレビを見せなかった」と書いてあったとしよう。多くの人は、「テレビを見せなかったから学力が高くなったのだ」と思ってしまう。同様に、100歳の誕生日をお祝いされている長寿の老人がテレビのインタビューで「毎年必ず健診に行った」と話しているのを聞くと、「健診に行ったから長生きしたのだ」と考えてしまう。しかし、テレビと学力のあいだ、健診と長生きのあいだに因果関係があることを証明するためには、「その子どもがテレビを見た場合の学力」や「その老人が毎年健診に行かなかった場合の寿命」という反事実における結果と比較しなければならない。

素晴らしい偉業を達成した人のサクセスストーリーは、事実の部分だけしかとらえておらず、反事実はわからない。それにもかかわらず、事実の部分だけを見て、あたかも因果関係があるかのように錯覚し、やみくもにテレビを見るのを禁止したり、やたらに健診を受けたりしたら、偉業を達成するどころか、ただ単にお金や時間のムダ遣いになってしまうかもしれない。

第2章以降では、比較可能なグループを作り出し、反事実をもっともらしいデータで置き換えるための手法を詳しく説明していく。ここで繰り返し強調しておきたい。因果関係を明らかにするための方法は1つではない。しかし、それらの方法に**通底している**

目標は、「比較可能なグループを作り出し、反事実をもっともらしいデータで置き換える」ということなのである。これから説明する方法のすべてが、この目標を達成しようとしているのだということを忘れずに読み進めてほしい。

ここで、本書の構成とともに「科学的根拠（エビデンス）の階層」についても説明しておこう。「科学的根拠（エビデンス）」という言葉を耳にしたことがある人もいるだろう。ちまたでは、データを用いた分析に基づいて示された根拠のことをエビデンスと呼ぶこともあるようだが、経済学ではエビデンスという言葉をもっと厳格な意味で用いている。それは、**因果関係を示唆する根拠**のことである。このため、経済学者は、単なるグラフやチャート、アンケートの結果などはもちろんのこと、単に相関関係を示したのにすぎない分析のことをエビデンスと呼ぶことはない。

エビデンスという言葉が最も広く浸透しているのは医学であろう。医学では、エビデンスには「階層」があり、階層の高い、強いエビデンスもあれば、階層の低い、弱いエビデンスもあるという考えかたが広く浸透している。エビデンスにはその信頼度に応じてレベルの違いがあり、強いエビデンスは因果関係を正しく証明できる手法を用いて導

図表1-12 エビデンスには階層がある

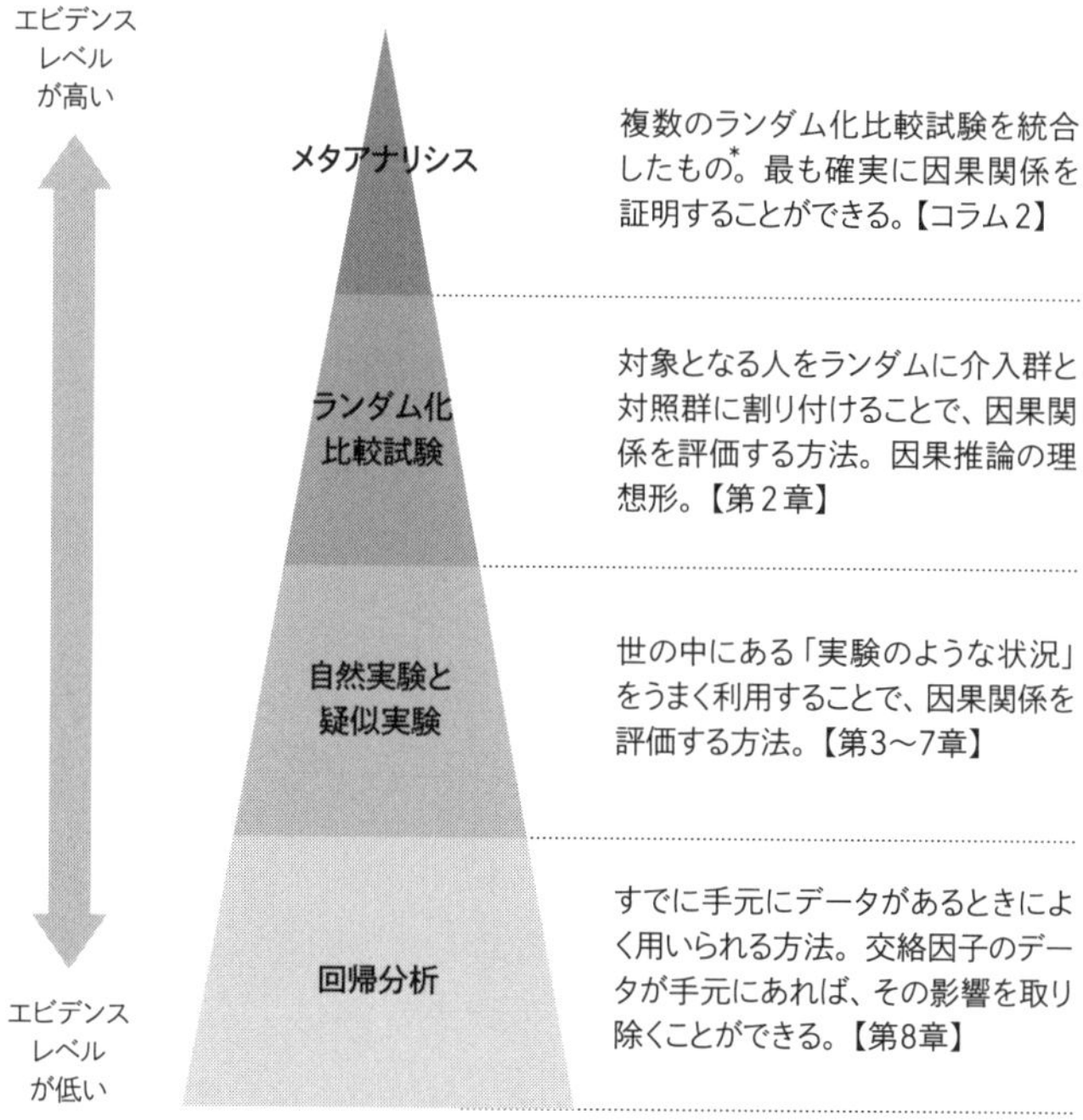

* 複数の観察研究をまとめたメタアナリシスもあり、複数のランダム化比較試験をまとめたメタアナリシスほどエビデンスレベルは高くない。メタアナリシスのエビデンスの強さはその元となった研究のエビデンスの強さによって決まる。

Sackett et al. (2000) を元に筆者ら作成。

かれたものだ。一方、弱いエビデンスは因果関係と相関関係を誤認してしまう可能性がある手法を用いて導かれたものを指す。**図表1－12**は「エビデンス・ピラミッド」と呼ばれ、ピラミッドの頂点に近いほど強いエビデンスであることを示している。

本書の構成はこのエビデンス・ピラミッドに従っている。第2章では、「ランダム化比較試験」、第3章では「自然実験」、第4～7章では「疑似実験」に分類される方法、第8章では「回帰分析」を説明していく。

それでは、早速これらの手法を用いて、経済学が明らかにした驚きの研究成果を見ていこう。

COLUMN 1

チョコレートの消費量が増えるとノーベル賞受賞者が増える？

チョコレートに含まれるフラボノールは、認知機能を高めることが動物実験などによって明らかになっている。このことに着目したコロンビア大学の医師が2012年に行ったデータ分析によると、1人あたりのチョコレートの年間消費量が多い国ほど、ノーベル賞を受賞している人の数が多いということがわかった。この分析結果は、臨床医学の世界で最も権威がある雑誌の1つである『ニューイングランド・ジャーナル・オブ・メディスン』に掲載されたため、さまざまな議論を呼んだ。

論文の著者は、国民が1人あたり年間400g多くチョコレートを摂取すると、その国のノーベル賞受賞者の数が1人増えると主張した。荒唐無稽な話に思えるが、権威ある雑誌に載るほどの研究なので、信用してよいのだろうか。

「はじめに」の議論を思い出そう。「1人あたりのチョコレートの年間消費量」と「ノーベル賞受賞者数」の関係は、因果関係と相関関係のどちらなのだろうか。「チョコレートを消費する量が多いからノーベル賞受賞者が多い」（因果関係）のではなく、「ノーベル賞受賞者が多くなるような国ほどチョコレートの消費量が多い」（相関関係）だけか

図表1-13　チョコレート消費量とノーベル賞受賞者数の関係

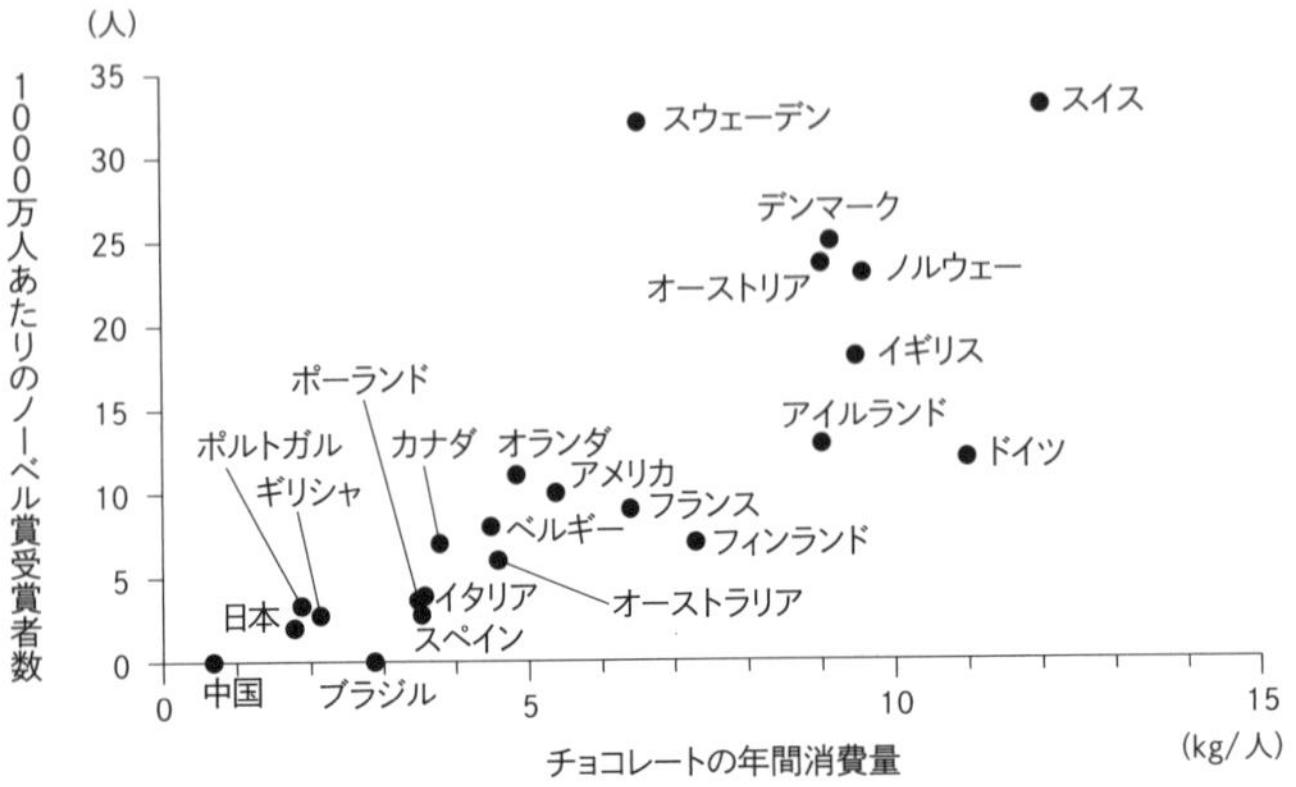

（出典）Messerli (2012)

もしれない。

論文中にも掲載された**図表1-13**を見てみると、ヨーロッパで人口1人あたりのGDPの高い国が右上に集中しているのがわかる。チョコレートは生きていくのになくてもよいいわゆる贅沢品であるので、裕福な国ほど摂取量が多くなるのは当然である。また国が裕福になれば、教育にもお金をかけられるようになるので、ノーベル賞受賞者を輩出できる可能性は上がると考えられる。つまり、これは因果関係ではなくて相関関係である可能性が高い。

あえて『ニューイングランド・ジャーナル・オブ・メディスン』誌の立場を擁

護するなら、これは研究論文として発表されたものではなく、個人の見解を述べる「不定期のメモ」というコーナーに掲載されたものである。このコーナーは「個人の経験や一般的な医学研究の分野には含まれないようなことがらを説明する」ためのものだ。

実は、もっと最近になってから、フラボノールを摂取したあとに脳のＭＲＩ画像診断と記憶テストを行った実験がある。フラボノールを多くとっていた高齢者は、フラボノールをほとんど摂取していない高齢者と比べて脳の機能と記憶力が改善していたことが報告されている。チョコレートを摂取するとノーベル賞受賞者になれる可能性が高くなるというのは言いすぎにせよ、記憶力がよくなるくらいの効果はあるかもしれない。

第2章

メタボ健診を受けていれば長生きできるのか

因果推論の理想形「ランダム化比較試験」

「実験」を使えば因果関係を証明できる

2つの変数の関係は因果関係なのか相関関係なのか。このことを明らかにするうえで、最も確実な方法は「実験」である。これを専門用語で「**ランダム化比較試験**」と呼ぶ。

読者の皆さんは、「臨床試験」や「治験」という言葉を聞いたことがあるかもしれない。新しい薬の効果や安全性を確かめるために行われるテストのことだ。

たとえば、ネズミを用いた実験では、病気のネズミを「ランダム」に2つに分けて、投薬したネズミ（**介入群**と呼ぶ）と、投薬をしなかったネズミ（**対照群**と呼ぶ）を比較する。もし投薬されたネズミのほうが治癒率が高かったら、薬に効果があったと言えるだろう（**図表2-1**）。

「ランダム」というと「でたらめ」のようなイメージを持つかもしれないが、そういった意味ではない。対象となるネズミを介入群と対照群のいずれか片方に振り分けるときに、介入群に振り分けられる確率がすべてのネズミでまったく同じであるような振り分けかたを「**ランダムに割り付ける**」と表現する。ランダムは日本語では「無作為」と訳される。

図表2-1　ランダムに割り付けて反事実を作り出す

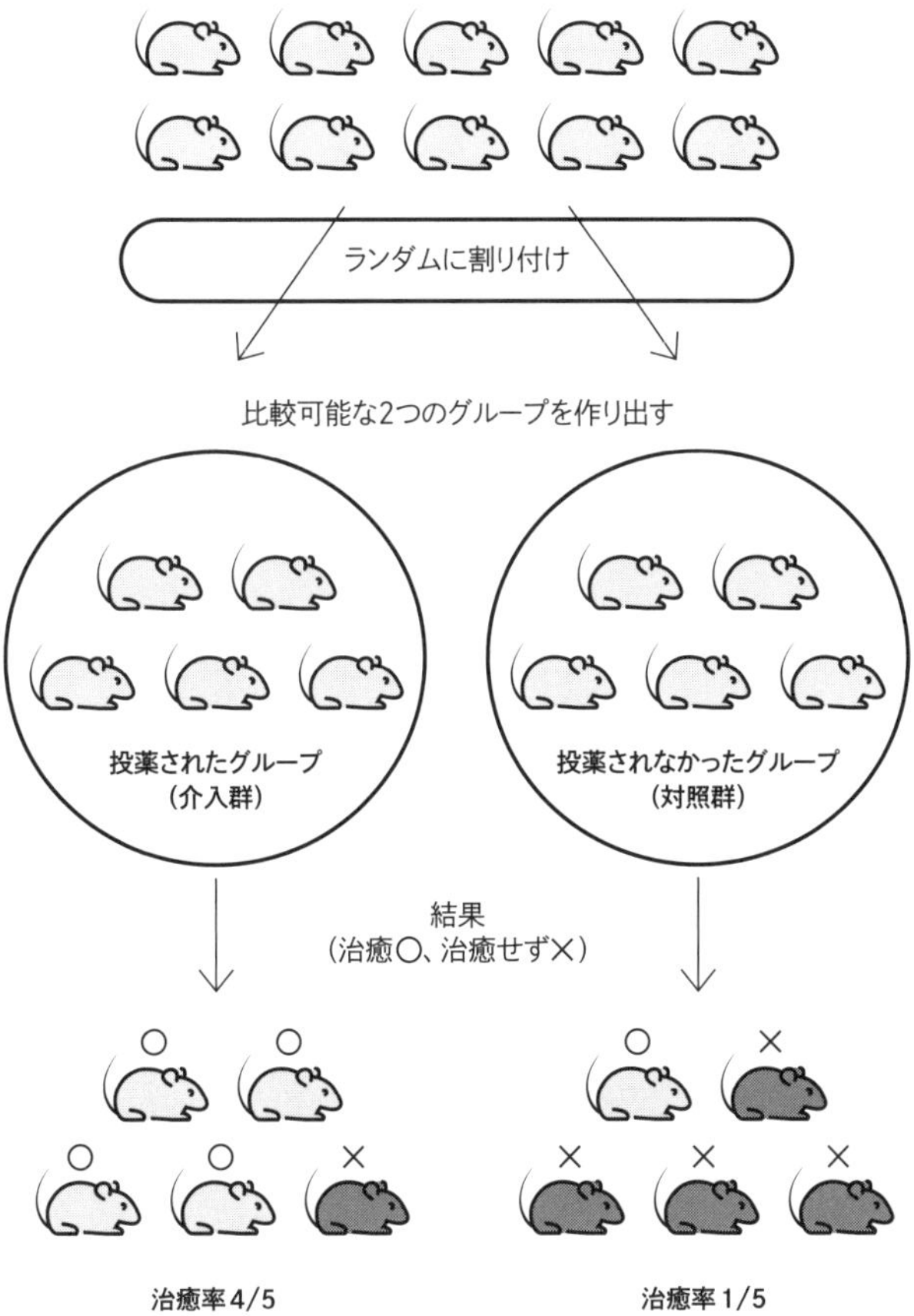

実際にどのようにしてランダムに2つのグループに割り付けるのだろうか。たとえば、コインを投げて表が出たら投薬するグループに入れ、裏が出たら投薬しないグループに入れる（逆でも可）ことにすればよい。コイン以外にも、乱数表というばらばらの数字が載っている表を使って、偶数が出るか奇数が出るかで投薬するかどうかを決める方法や、くじ引きで決める方法もある。

ネズミはもともと個体差があまりないし、数をたくさん用意して**ランダムに割り付けておけば、ネズミの個体差による偶然に左右されることもない**。だから、投薬をしたネズミのグループと投薬をしなかったネズミのグループは、比較可能な2つのグループになるはずだ。

つまり、ランダム化比較試験は、**「介入群がもし投薬をしなかったら」という反事実を、対照群で穴埋めしようとしている**のである。

なぜランダムに割り付けないとダメなのか

「はじめに」でも紹介した「メタボ健診を受ければ長生きできるのか」という疑問を解明するには、ランダム化比較試験を使えばよい。

この方法では、研究の対象者となる人々を、健診という「介入」を受けるグループ（介入群）と受けないグループ（対照群）にランダムに割り付ける。なお**「介入」とは、原因と結果の「原因」となるようなもの（ここでは健診）を、研究対象となる人に与えることを意味する。**

なぜわざわざランダムに割り付ける必要があるのだろうか。これまでに健診を受けたことのある人とない人を比較するのでは不十分なのだろうか。

実は、両者は比較可能ではない。これまでに健診を受けたことのある人とはどんな人だろう。おそらく、健康に対する意識が高い人なのではないだろうか。一方、健診を受けたことのない人はどうだろうか。逆に健康のことをあまり気にかけない人だろう。どう考えても、これまでに健診を受けたことのある人々とない人々は比較可能ではない。

臨床試験で用いられるネズミとは異なり、人間は意思をもって自らの行動を選択している。人間が行う「選択（セレクション）」の結果、研究の対象となる2つのグループが比較可能ではなくなってしまうことを、経済学では**「セレクション・バイアス」**と呼ぶ。

英語では日常会話の中でよく「それはリンゴとオレンジを比べているようなものだ」

図表2-2　ランダムに割り付けると、2つのグループが比較可能になる

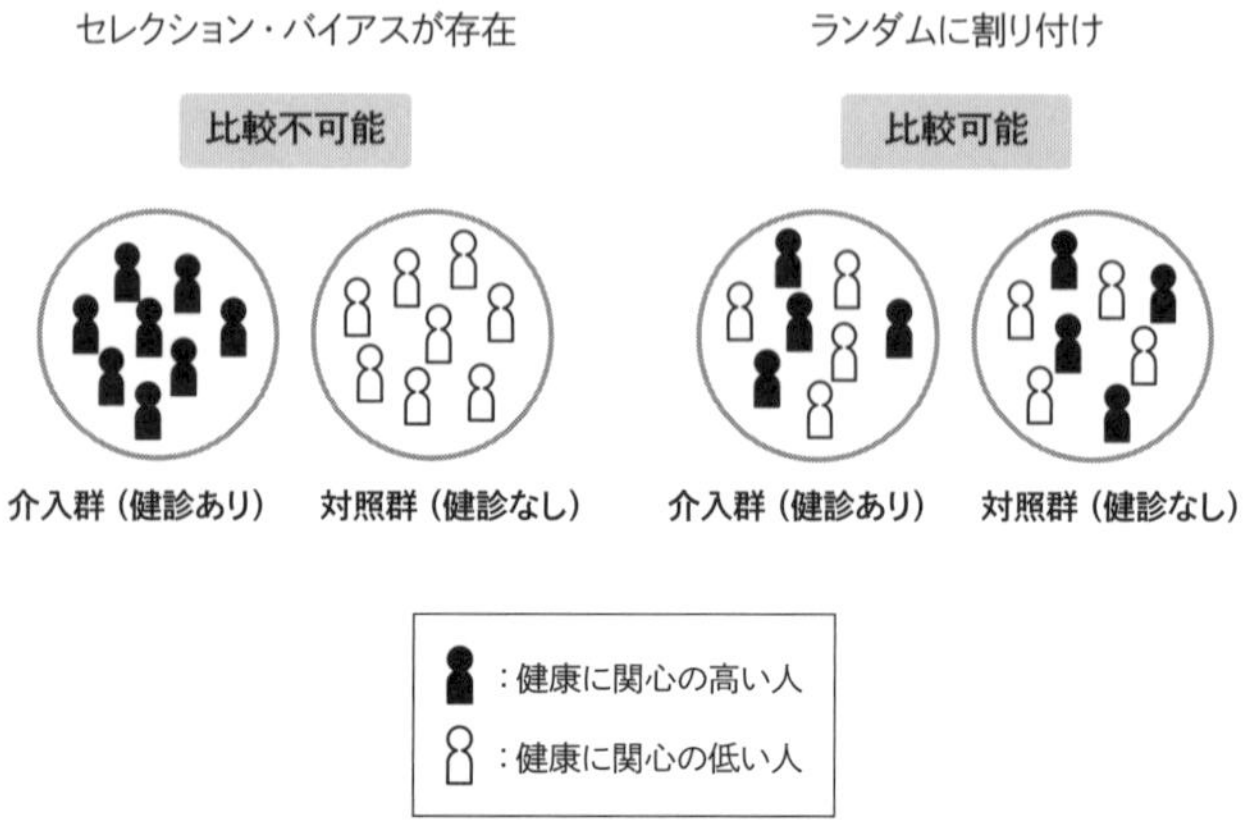

という慣用句を使う。これはもともと違いが大き過ぎて比較しても意味のないような2つのことがらを、無理やり比較してしまっていることを揶揄している。これまでに健診を受けたことのある人とない人を比較するのは、まさに「リンゴとオレンジを比べている」ようなものである。

それでは、どうすればリンゴ同士（あるいはオレンジ同士）の比較、つまりこれまでに健診を受けたことのある人とない人を比較可能な状態にすることができるのか。

最も確実な方法が、健診を受けるかどうかをくじ引きなどによってランダムに

決めることだ（**図表2-2**）。ランダムに割り付けることによって、個人は健診を受けるかどうかを自分の意志で選択できなくなる。したがって、セレクション・バイアスは発生しなくなる。その結果、健診を受けるグループと受けないグループは比較可能になるのである。

「メタボ健診」と「長生き」のあいだに因果関係はあるか

実は、すでに健診の効果を調べたランダム化比較試験がある。ここからは、デンマークで行われた研究の結果を見てみよう。デンマークでは、日本のメタボ健診と同様、糖尿病や高血圧などの生活習慣病の診断および保健指導が行われている。このランダム化比較試験では、30〜60歳の成人男女を、健診を受ける約1万2000人（介入群）と、健診を受けない約4万8000人（対照群）にランダムに割り付け、両方のグループを10年にわたって追跡している。[*1]

＊1　このケースでは、対照群に割り付けられた人は介入群の4倍になっているが、あくまでどちらのグループに割り付けられるかがランダムに決定されることが重要であって、2つのグループに割り付けられる人数が同じである必要はない。

介入群の中で、健診によって将来病気になるリスクが高いと判断された人々は、5年間で約4回の保健指導を受けるよう指示された。この保健指導によって、多くの人は食習慣や運動、喫煙や飲酒の習慣を改善したことが報告されている。

しかし、10年後に示された結果は驚くべきものだった。生活習慣の改善にもかかわらず、**介入群と対照群の死亡率の差は統計的に有意ではなかった**ことが明らかになったのである。

「統計的に有意」とは

「介入群と対照群の差は統計的に有意ではなかった」というのは、その差が偶然による誤差の範囲で説明できてしまうということである。別の言いかたをすると、**「観察された差が偶然の産物である確率」が5%以下であるときに、「統計的に有意である」と言い、2つのグループの差は誤差や偶然では説明できない「意味のある差」**だということになる。一方、5%を超えるときに「統計的に有意ではない」と言い、2つのグループの差は誤差や偶然で説明できてしまうということになる（**図表2-3**）。この5%という

図表2-3 「統計的に有意」のまとめ

・誤差や偶然で説明できない、意味のある差	→	**統計的に有意である**
・誤差や偶然で説明できてしまう範囲内の差	→	**統計的に有意でない**

値に何か特別な意味があるわけではないが、経済学や統計学の分野では長年にわたり広く用いられている。

もう少し直感的に説明してみよう。コインを1回投げた場合、表になる確率は50％、裏になる確率は50％である。コインを2回投げて、両方とも表になる確率は0・5×0・5＝0・25（25％）である。2回投げて両方とも表だったとしても、多くの人は偶然だと考えるだろう。

それでは、4回投げてすべて表になった場合はどうだろうか。そろそろ「いかさまじゃないか」と疑い始めるのではないだろうか。そして5回連続で表が出たときには、それこそ「偶然なはずはない」と確信するはずだ。

4回連続で表が出る確率は0・5×0・5×0・5×0・5＝0・0625（約6％）であり、5回連続で表が出る確率は0・5×0・5×0・5×0・5×0・5＝0・03125（約3％）である。統計的に有意かどうかを判断する基準となる5％とは、この2つの確率のちょうどまんなかくらいである。

多くの人はコインを投げて5回連続で表が出ると、それは単なる偶然ではなく、いかさまではないかと感じるだろう。この感覚を数字に落とし込んだのが、5%という値なのである。

つまり、「統計的に有意である」ということは、その2つのグループのあいだの差が単なる偶然である確率が、コインを5回投げてすべて表になる確率くらい稀であることを意味する。

健診を受けていても長生きにはつながらない

デンマークで行われた研究によると、**健診を受けたからといって、必ずしも長生きできるわけではない**ということになる。しかし、このランダム化比較試験はあくまでデンマークで実施されたものだ。健診に効果があるかどうかという国全体の保健政策にかかわるような重要なことを、たった1つのランダム化比較試験の結果をもとに判断してしまうのは危険だ。そこで、ほかの国や地域で行われたランダム化比較試験の結論についても見てみよう。

複数の研究を見るときには、「メタアナリシス」という手法を用いる。メタアナリシスとは、複数の研究結果をとりまとめて、全体としてどのような関係があるかを検証する方法である（74頁）。特に複数のランダム化比較試験をまとめたメタアナリシスは、エビデンスの階層の中で最もエビデンスレベルが高いとされている。

そのメタアナリシスを用いた研究が行われた結果、やはり**健診と長生きのあいだには因果関係がない**ことが明らかになっている。[*2]

デンマークでランダム化比較試験を実施した研究者らは、「大規模なランダム化比較試験の実施はコストがかかるものの、効果がない健診を全国民に提供することに比べたら、はるかに安上がりである」との見解を示している。つまり、効果があるかないかわからない政策をやみくもに実施するのではなく、多少コストがかかっても、政策に因果効果があるかどうかを検証してから、全体に導入するかどうかを決めればよいというわけである。

＊2　これらの結果を見て、健診にはまったく意味がないというのは早計である。長生きにはつながらないかもしれないが、糖尿病や高血圧を早期に治療することで、失明や脳梗塞などの合併症を予防し、結果として生活の質を上げることはできる可能性がある。

1200億円の税金が投じられたメタボ健診

海外では健診が長生きにつながるという強いエビデンスは見られていないのにもかかわらず、日本では2008年に特定健康診査（いわゆるメタボ健診）・特定保健指導がスタートした。

周知のとおり、生活習慣病の早期発見と治療を目的として、40歳以上の健康保険加入者は全員受診が義務づけられている健診だ。このメタボ健診には、2008年から2014年までに約1200億円もの税金が投じられている。

巨費を投じて日本で導入されたメタボ健診に効果はあったのだろうか。厚生労働省は、このことを調べるために、約28億円を投じてデータベースを構築した。しかしこのデータベースに不備があり、収集したデータのうち約2割しか検証できないことが発覚し、大きな問題に発展した。

メタボ健診をいきなり全国展開するのではなく、まずは一部の自治体でランダム化比較試験を実施し、効果があることが明らかになってから、残りの自治体にも導入することも考えられたはずだ。規模にもよるが、ランダム化比較試験は総額1200億円のうち、わずか数%の予算を充てれば行うことができただろう。そうすれば、税金をより効果的に使うことができたのではないだろうか。

海外で行われた先駆的な研究成果を参考にすることもなければ、自国のデータを活用してメタボ健診の効果を明らかにすることも十分に行われていない日本の状況は、残念というほかない。

ここで、注意点が1つある。**「健診」と「検診」は違う**ということだ。健康診断の略称である健診とは異なり、「がん検診」などのように、特定の病気についての検査を行う検診には、健康上のメリットが確認されているものも複数ある。たとえば、乳がん、大腸がん、子宮頸がんなどの検診には、死亡率を下げるというエビデンスがある。各がんに関するエビデンスの詳細に関しては、国立がん研究センターの「科学的根拠に基づくがん検診推進のページ」などを参照してほしい。[*3]

「医療費の自己負担割合」と「健康」のあいだに因果関係はあるか

日本では近年、医療費増大が社会問題となっている。2015年に日本が世界3位の

*3　国立がん研究センターのホームページ（http://canscreen.ncc.go.jp/）

高医療費国（対GDP比）になったというニュースを見て驚いた人も多いだろう。医療費高騰に対する危機感は日に日に強くなっている。これを受けて、高齢者の医療費の自己負担割合を引き上げるべきではないかという議論が盛んになっている。

２０１７年2月現在、日本の医療費は、70歳未満は3割自己負担なのに対して、70〜74歳が2割負担、75歳以上が1割負担（ともに現役並み所得者は3割）となっており、高齢者のほうが自己負担割合が低くなっている。高齢者の自己負担割合がゼロだった１９７３〜１９８３年と比べたら世代間の差は小さくなっているものの、依然として若年層が覚える不公平感は強い。

自己負担割合を引き上げることで、軽症にもかかわらず頻繁に病院に通うという「コンビニ受診」を抑制し、医療費を削減できるのではと期待されている。

しかし、自己負担割合が高くなると、高齢者は支出を抑えるために病院に行くことを控えてしまうかもしれない。そうすると、病気の早期治療を逃し、高齢者の健康状態に悪影響を与えてしまうのではという懸念もある。

もし高齢者の健康状態に悪影響がないのであれば、自己負担割合を引き上げることで医療費を抑制するというのは合理的だ。しかし、悪影響があるのであれば、慎重に検討されるべきだろう。実際にはどちらなのだろうか。

実はこの問いに答えを出したランダム化比較試験が存在している。それが「ランド医療保険実験」である。ハーバード大学の医療経済学者ジョセフ・ニューハウスが、アメリカを代表するシンクタンクの1つであるランド研究所に勤務していたときに行った研究だ。アメリカの6市に住む2750世帯を対象に1971〜1986年に実施された。今のお金に換算すると3億ドル（約300億円）もの研究費を使った壮大な実験である。

この研究のためだけに民間医療保険会社が設立され、研究の対象者は無料で医療保険に加入することができた。ただし、彼らはランダムに自己負担割合の異なる次の4つのグループに割り付けられた。

グループ① 自己負担割合ゼロプラン （＝対照群）
グループ② 自己負担割合25％プラン
グループ③ 自己負担割合50％プラン
グループ④ 自己負担割合95％プラン
（グループ②〜④ ＝介入群）

この研究では、介入群は1つではなく3つ存在し、さまざまな自己負担割合に設定さ

図表2-4 医療費の自己負担割合が低いと医療費が増える
——医療費の自己負担割合ごとの1人あたりの平均年間医療費

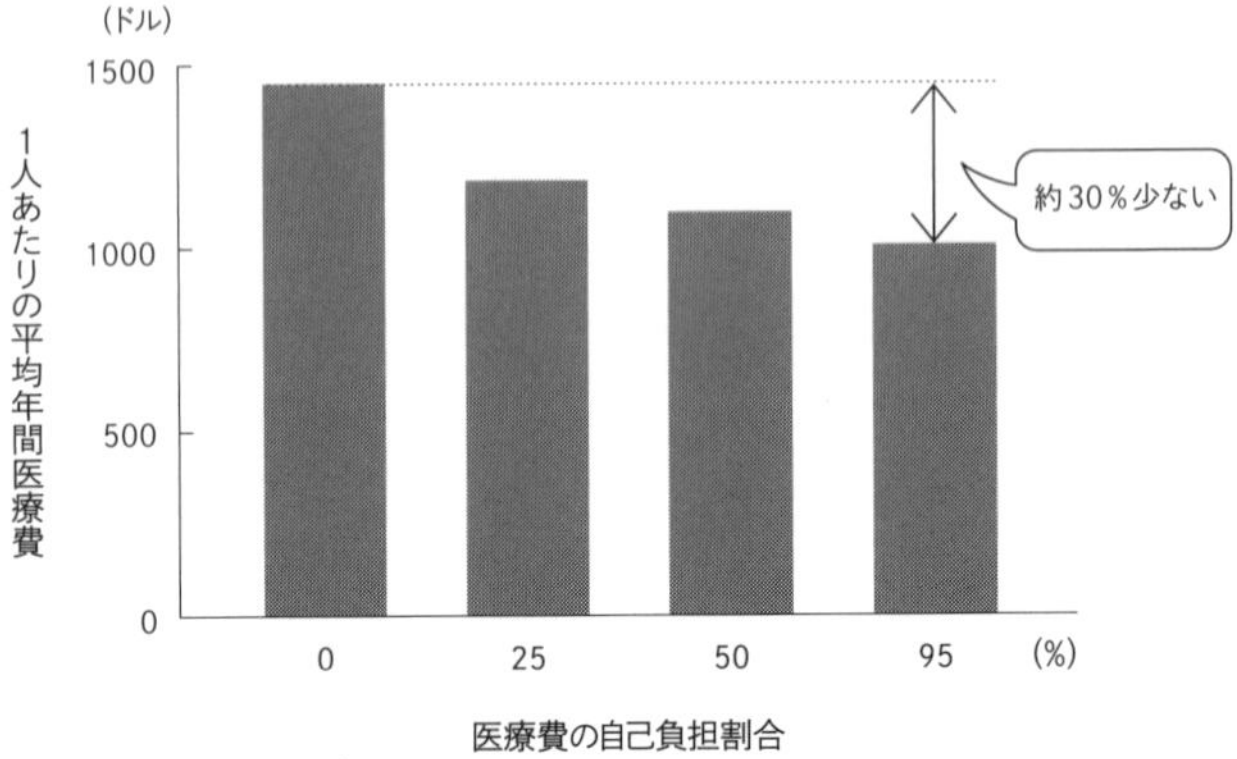

（出典）Newhouse et al. (1993)

図表2-5 医療費の自己負担割合が低いと外来受診回数が増える
——医療費の自己負担割合ごとの1人あたりの平均外来受診回数

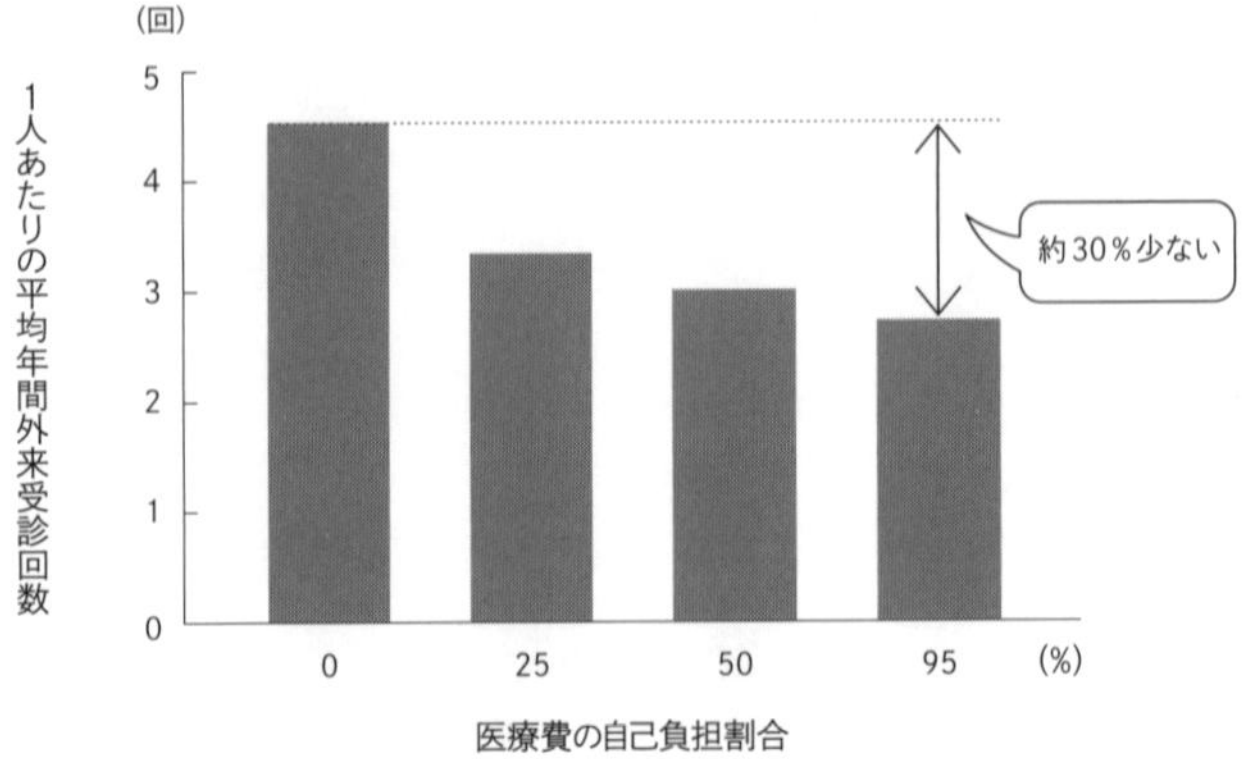

（出典）Newhouse et al. (1993)

れたグループ②〜④のプラン加入者となる。一方で対照群は、自己負担割合がゼロであるグループ①のプラン加入者だ。

ランド医療保険実験の結果

早速、ランド医療保険実験の結果を見てみよう。まずは各グループがどれくらい医療費を使っただろうか。**図表2-4**のとおり、グループ①（自己負担割合ゼロ）の医療費が圧倒的に高い。特にグループ④（自己負担割合95％）と比較すると、約30％もの差があった。つまり、**医療費の自己負担割合が高くなれば、国全体で支払う医療費は減少すると考えられる。**

それでは、外来受診の回数はどうか。**図表2-5**のとおり、同じくグループ①（自己負担割合ゼロ）とグループ④（自己負担割合95％）には約30％もの差があった。

つまり、**医療費の自己負担割合が高くなると、人々は病院を受診したり入院したりする回数を減らす**ということがわかる。

自己負担割合を高くしても、貧困層以外の健康状態は変わらない

ここまでは特に驚くに値しない。しかし、このランド医療保険実験が明らかにしたことはこれにとどまらない。なんと、**医療費の自己負担割合と人々の健康状態のあいだには因果関係がない**ことを明らかにしたのだ。高血圧症などの30項目の健康指標においてグループ①（自己負担割合ゼロ）とグループ②〜④とのあいだには、統計的に有意な差は見られなかった。

つまり、医療費の自己負担割合が高くなっても、人々の健康状態の悪化にはつながらない。むしろ、**医療費の自己負担割合の増加はコンビニ受診を防ぎ、国全体の医療費の抑制につながる**ことが示されたのだ。

しかし、注意すべきこともある。所得が低く健康状態の悪い人々に限ってみると、自己負担割合の増加は健康状態を悪化させることが確認されている。[*4]

つまり、自己負担割合を上げることは、総じて見れば健康状態に悪影響はないものの、貧困層の健康状態に悪影響を及ぼすと考えられる。医療費の自己負担割合を引き上げることが検討される場合には、貧困層が悪影響を受けないように、経済的に余裕のない人達の自己負担割合は低く抑えるなどの手厚いセイフティーネットを維持する仕組み

が必要であると考えられる。

第2章のキーワード

ランダム化比較試験

研究の対象となる人々を、コインを投げたり、乱数表、くじ引きなどを用いて、介入を受けるグループ（介入群）と受けないグループ（対照群）にランダムに割り付ける。そして、2つのグループを比較可能にし、介入群が「もし介入を受けなければどうなっていたか」という反事実を対照群で穴埋めしようとする方法のことである。

＊4　30項目の健康指標のうち、高血圧症、視力、歯科ケア、重篤な症状の4つにおいて健康状態が悪くなるという結果が示された。「重篤な症状」とは、胸痛、出血、意識消失、呼吸困難、10ポンド（約4・5kg）以上の体重減少などを意味する。

COLUMN

2

複数の研究をまとめる「メタアナリシス」

ある2つの変数があり、そのあいだの因果関係を明らかにしようとする研究が、必ずしも1つしかないとは限らない。複数の研究者が同じテーマで論文を書くというのはよくあることだ。同じデータを使うときもあるし、違うデータを使うときもある。

それらがすべて同じ結論ならば問題はない。しかし、ある論文は「因果関係がある」という結論であり、別の論文では「因果関係がない」という結論であったとする。このような場合、自分の都合のいい論文の結論だけを正しいとすることはできない。そのような行動のことを英語ではチェリー・ピッキング（サクランボ狩り）と呼び、特に研究では厳に慎むべきだと考えられている。残念なことに、昨今の日本のインターネットのまとめサイトでは、このチェリー・ピッキングが散見され、間違った情報が広められていることも少なくない。

こんなときに用いるのが「**メタアナリシス**」である。「メタ」とは「高次の」、「アナリシス」とは「解析」という意味で、**複数の研究結果を1つにまとめて、全体としてどのような関係があるのかを明らかにする研究手法のこと**である。

COLUMN 2

複数の研究をまとめる「メタアナリシス」

近年メタアナリシスが注目を集めた例に、国立がん研究センターと日本たばこ産業（ＪＴ）との対立がある。

世界的にはすでに、受動喫煙が肺がんのリスクを上げるのは確実であると証明されている。そのため、欧米諸国では、公共施設やレストランなどの屋内は法律により完全禁煙となっている。しかし、日本人のデータを用いた研究では、受動喫煙と肺がんの因果関係についてまだ結論が出ていなかった。日本人を対象とした研究はすでにいくつか報告されていたものの、研究の対象になった人の数が少なかったせいで、統計的に有意な結果が得られていなかったのである。

そこで、２０１６年8月に国立がん研究センターの研究者チームが、国内のデータを用いて行われた9つの観察研究をまとめたメタアナリシスを発表した。これによって、**日本人でも受動喫煙によって肺がんのリスクが30％増加する**ということが示唆された。これを受け、国立がん研究センターは、たばこを吸わない日本人が受動喫煙によって肺がんになるリスクが上昇するのは確実であると証明できたので、屋内での喫煙を全面的に禁止し、海外のように受動喫煙防止策を実施する必要があることを訴えた。

ところが、この結論にかみついたのが日本のたばこ産業を代表するＪＴである。国立がん研究センターがメタアナリシスの結果を発表したその日に、社長名で反論コメントを発表した。９つの研究は「研究時期や条件も異なり、いずれの研究においても統計学的に有意ではない結果を統合したもの」であり、メタアナリシスの結果に基づいて「受動喫煙と肺がんの関係が確実になったと結論づけることは、困難である」と主張した。

しかし、国立がん研究センターの研究者たちは、ただちにこれに再反論し、「受動喫煙の害を軽く考える結論に至っている」とＪＴのコメントを批判した。そして、９つの研究は結論ありきでえり好みしたのではなく、日本人のデータを用いた論文のうち、因果関係を示唆するすべての論文を、科学的に確立された手続きに従ってまとめたものであると主張した。受動喫煙はＪＴが述べるような「迷惑」や「気くばり」といった問題ではなく、「科学的根拠に基づく健康被害の問題である」とＪＴの主張を一刀両断したのである。その結果、受動喫煙が肺がんのリスクを上げるということが広く認知されることとなった。

第3章

男性医師は女性医師より優れているのか

たまたま起きた実験のような状況を利用する「自然実験」

手元にあるデータを用いて、実験のような状況を再現する

ランダム化比較試験のエビデンスレベルは高い。しかし、ランダム化比較試験を実施するのはたやすいことではない。たとえば、研究対象となる人や企業などを人為的にランダムに分ける、などということはなかなかできるものではない。対象者の反発も大きいかもしれないし、倫理的に実施が不可能なことも多い。

ジュエリーショップの例で考えてみることにしよう。あなたが勤めているジュエリーショップは全国に100店舗を展開している。例によって広告が売上に与える因果効果を知りたい。もしランダム化比較試験が使えるのであれば、100店舗を、広告を出す店舗（介入群）と出さない店舗（対照群）にランダムに割り付けて比較すればよい。しかし、そう簡単にはいかないだろう。

広告を出さないほうに割り付けられた店舗は不満を持つかもしれないし、スピード感を重視するビジネスの現場では、いちいちランダム化比較試験の結果を見てから意思決定するなどという悠長なことをしていられないかもしれない。

さらに、ビッグデータ時代の今日である。すでに手元にさまざまなデータが揃っているということもあるだろう。それを無視して「ランダム化比較試験以外に、広告の効果

を測る方法はない」と息巻くのも、あまりスマートなビジネスパーソンとは言えまい。

ランダム化比較試験のような人為的な実験を行うことができない場合、私たちはすでに手元にあるデータを用いて分析するほかない。ランダム化比較試験を用いて収集したデータのことを「**実験データ**」と呼ぶのに対して、このように日常的な経済活動の結果得られたデータや、政府の統計調査などから得られたデータを「**観察データ**」と呼ぶ。

観察データを用いて私たちがまずすべきなのは、観察データの中から「あたかも人為的な実験が行われたかのような」状況を見出すことだ。この章で学ぶ「**自然実験**」は、法律や制度の変更、自然災害、紛争など、**誰にも予想できなかった変化によって、あたかもランダム化比較試験を行ったかのような状況を見出すことで、2つの変数の因果関係を明らかにしようとする方法**だ。

繰り返しになるが、この方法の目標もまた「比較可能なグループを作り出し、反事実をもっともらしいデータで置き換える」ことだ。自然実験においては、事前に予想できなかった何か（これらを経済学の用語で「**外生的なショック**」という）によって、介入群と対照群にはからずとも自然に分かれてしまったという状況を利用する。

さて、ランダム化比較試験を実施するのは難しいと考えたあなたは、100店舗すべてを対象に、新聞折り込みチラシを出すことに決めた。しかし、チラシを印刷していた企業の1つで印刷機が故障してしまい、チラシを出すはずだった店舗のうちの一部では、チラシの配布ができなかった。

そのとき、あなたはこう考えた。この状況を利用し、予定どおりチラシを出した店舗と、チラシを出せなかった店舗を比較することで、広告が売上に与える因果効果を明らかにすることができないだろうか、と。実は、これが自然実験の考えかたである。

「医師の性別」と「患者の死亡率」のあいだに因果関係はあるか

ここから自然実験を用いた研究を紹介しよう。書店に行くと、「名医ランキング」関連の書籍や雑誌が数多く出版されている。それらを見たことがある人は、ほとんどの「名医」が男性であることに気づいたかもしれない。一般的に、名医というと男性医師のイメージが持たれているようだ。しかし、本当に男性医師のほうが女性医師よりも優れているのだろうか。

本書の著者の1人でもある津川は、この問いについて研究を行った。2011年から

2014年に内科的疾患のためアメリカの病院に入院した100万人以上の患者のデータを分析し、担当医が男性医師であった場合と女性医師であった場合で、入院日から30日以内に死亡する確率（30日死亡率）に差があるかどうかを検証した。

この問題を考える際に、1つ注意しなければならない点がある。それは、男性医師のほうが重症な患者を選択する、もしくは重症な患者ほど男性医師を希望するかもしれないということだ。このセレクション・バイアスを解決するため、津川らは「ホスピタリスト」に注目した。

ホスピタリストとは、外来患者を診療せず、入院患者しか診療しない内科医のことである。ホスピタリストは1990年代からアメリカで急成長している専門医であり、現在では大病院のほとんどで内科の入院患者をホスピタリストが治療している。一般的にシフト勤務をしているため、勤務中にたまたま運び込まれた患者を担当する。つまり、ホスピタリストは自分の患者を選ぶことができず、患者も自分の担当医を選ぶことができない。これはまさに、患者が男性医師と女性医師にランダムに割り付けられる自然実験だと言える。

図表3-1　女性医師にかかるほうが30日死亡率が低い

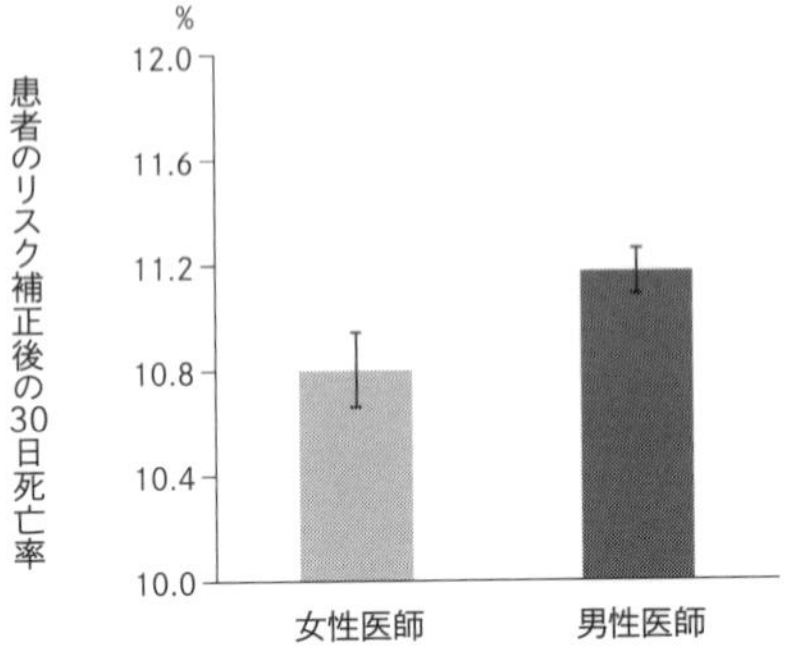

（注）　患者の重症度、医師の特性などで補正し、同じ病院で勤務する男性医師と女性医師（ともにホスピタリスト）を比較した。棒グラフの上の縦棒は「95％信頼区間」を指す。推定値が95％の確率でこの区間に収まることを示唆する。より正確には、同じ研究を100回繰り返し、1回ずつ95％信頼区間を推定していくと、そのうち95回の信頼区間は真の値を含んでいるというのが、95％信頼区間の定義である。

（出典）津川ら（2017）を一部改変

女性医師が担当すると患者の死亡率が低くなる

津川らの分析結果によると、**男性医師よりも女性医師が担当した患者のほうが0・4％も30日死亡率が低いことが明らかになった**のである（図表3−1）。

たった0・4％の差と思った人もいるかもしれない。だが、この差は決して小さな差ではない。0・4％の死亡率の差というのは、アメリカが、この10年でさまざまな努力によって低下させることに成功した入院患者の死亡率の差とほぼ同水準なのである。アメリカでの新しい薬剤や医療機器の開発、医学研究による新しい知識、診療ガイドラインの整備などによって達成できたと考えられる死亡率の低下幅と、男性医師と女性医師の死亡率の差が同じというのは驚くべきことであろう。

なぜ女性医師の担当した患者の死亡率が低いのだろうか。過去の研究によると、女性医師のほうが診療ガイドラインに則った診療をしている割合が高く、患者とより密なコミュニケーションを取っていることなどが示唆されている。男性医師と女性医師のあいだの診療方法の違いが、患者の予後の差につながった可能性があると考えられる。[*1]

アメリカでは、女性医師のほうが男性医師より給料が安く、昇進が遅いことが社会問題になっている。この研究からも、女性医師のほうが質の高い診療を行っていることがわかってきている。医療現場においても男女格差の是正が必要であろう。

＊1　この研究は内科医を対象としたものであり、外科医やその他の専門の医師でも同様の結果が得られるかはまだ明らかになっていない。

「出生時体重」と「健康」のあいだに因果関係はあるか

日本では古くから「小さく産んで大きく育てよ」と言われている。これは、生まれたときの赤ちゃんの体重はなるべく軽いほうがよく、その代わり生まれた後で大きく育てるのがよい、ということを意味している。帝王切開の技術が十分に発達していなかった時代に、妊産婦が出産によって死亡するリスクを低下させるためにそのように言われてきたとされている。

古くからのこの通説も手伝ってか、日本では低出生体重児（出生体重が２５００ｇ未満）の占める割合はほかの国と比べても高い（**図表3-2**）。

本当に低出生体重に問題はないのだろうか。双子のデータを用いることでこの問題を明らかにした経済学の研究がある。双子のうち、出生時体重が重いほうの赤ちゃんたち（介入群）と軽いほうの赤ちゃんたち（対照群）を比較しようというわけだ。

双子に体重差があるのかと思う人もいるかもしれないが、お母さんのお腹の中で相対的に栄養状態がよかったほうが重く、最初に生まれることが知られている。当然、どちらが先に生まれるかは偶然の賜物なので、体重の重い赤ちゃんと軽い赤ちゃんに自然に分かれたという状況は、自然実験であると考えられる。

図表3-2 日本は低出生体重児が多い
——各国の低出生体重児の比率

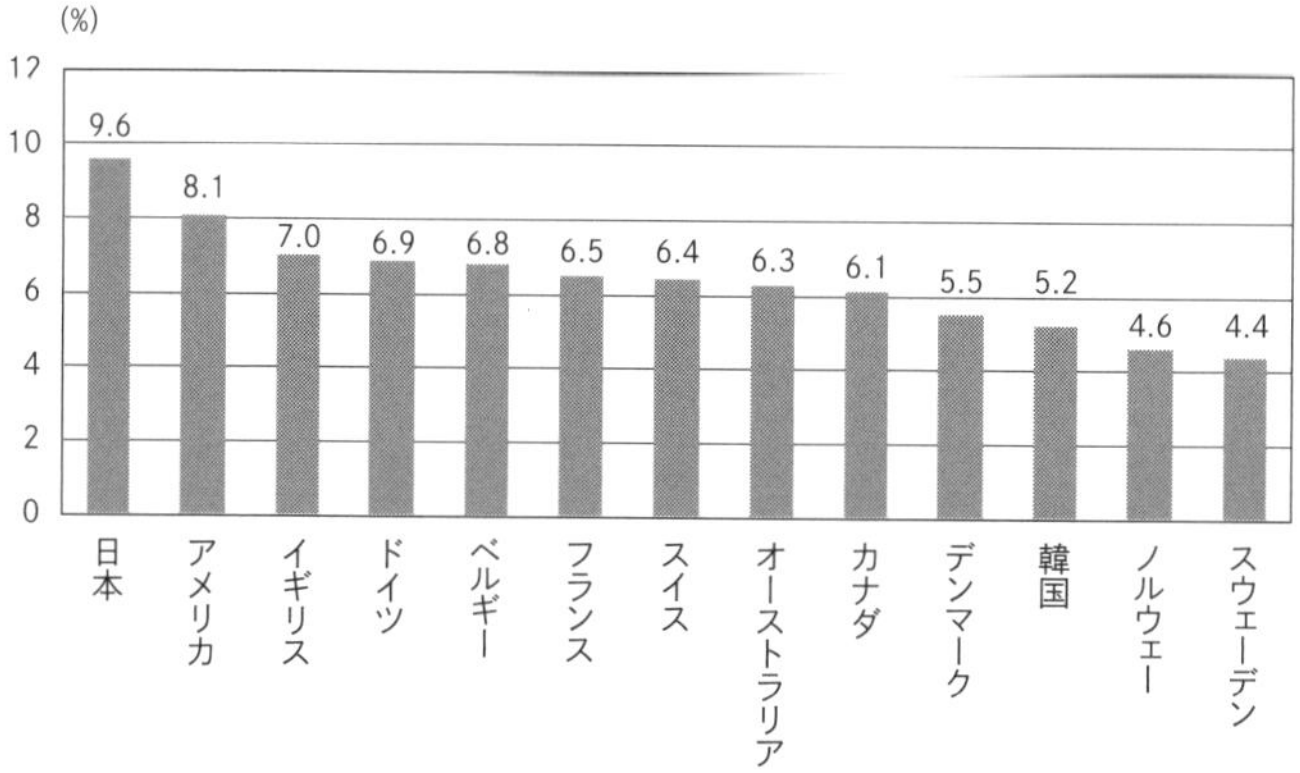

（注） 低出生時体重の定義は、出生時体重が2,500g以下の新生児（2011年）。
（出典）OECD Health Statistics 2016

出生時体重が重い赤ちゃんは健康状態がよい

アメリカ・ノルウェー・カナダ・台湾で行われた大規模な双子のデータを用いた研究によると、出生時体重が重いほうが、その子どもが大きくなった後の成績・学歴・収入・健康状態が良好であることが明らかになった。著者の1人である中室が日本の双子のデータを用いて行った研究でも、出生時体重が重いほど、中学校卒業時の成績がよいことが示されている。つまり、**「小さく産んで大きく育てよ」は子どものことを考えたら正しいアドバイスとは言えない**のだ。

最近の経済学の研究成果は、「胎児起源説」を支持するものも少なくない。胎児起源説とは、「胎児期の環境がのちの人生に決定的に重要である」という主張のことだ。これは出生時体重と成績・学歴・収入・健康状態のあいだに因果関係があることを示す経済学の研究成果と矛盾しない。そして、ただ単に妊産婦に豊かで快適な生活を送ってもらうことの重要性を説くという以上に、妊娠中の母親に対して、社会がどのような保護や支援をすべきか議論するきっかけを与えてくれる。

「胎児起源説」に基づいて『オリジンズ』というベストセラーを生み出した作家のアニー・ポールは、TEDトークの中で次のように述べている。「胎児起源の研究は、妊娠中の母親に起こる不幸な事件や行動を非難するためのものではなく、次の世代の子どもたちのよりよい人生を発見するためのものなのです」。

第3章のキーワード

自然実験

研究の対象となる人々が、法律や制度の変更、自然災害などの「外生的なショック」によって、介入を受けるグループ（介入群）と受けないグループ（対照群）に自然と分かれてしまったという状況を利用して、因果関係を検証する方法。

COLUMN

3

受動喫煙は心臓病のリスクを高めるのか

国立がん研究センターが実施したメタアナリシスによって、受動喫煙と肺がんのあいだの因果関係は「確実」であるとされた。しかし、受動喫煙が原因となってもたらされる疾患は肺がんだけではない。アルゼンチンのデータを用いた研究では、受動喫煙が心筋梗塞とのあいだにも因果関係があることが示唆されている。

2005年に世界保健機関（WHO）の「たばこ規制枠組条約」を批准して以降、アルゼンチンでは急速にたばこ規制が強化された。しかし、地方分権が進み、国よりも州のほうが政治や財政面での自治権が大きいアルゼンチンでは、たばこ規制への対応も州によってばらつきがあった。

たとえば、アルゼンチン北部に位置するサンタフェ州は、2006年8月から公共の場所では完全に禁煙とする厳しい規制を導入した。それどころか、たばこを吸った人や、それを知りながらやめさせなかったレストランやバーを通報するホットラインまでもが設けられた。規制に違反すると、喫煙者当人のみならず、黙認した店舗も罰金を支払わなくてはならない。さらに、最終的に店舗は閉鎖に追い込まれるという極めて厳し

COLUMN 3

受動喫煙は心臓病のリスクを高めるのか

図表3-3　公共施設の禁煙義務化をすると非喫煙者が健康になる
――サンタフェ州とブエノスアイレス市における心筋梗塞による入院患者数

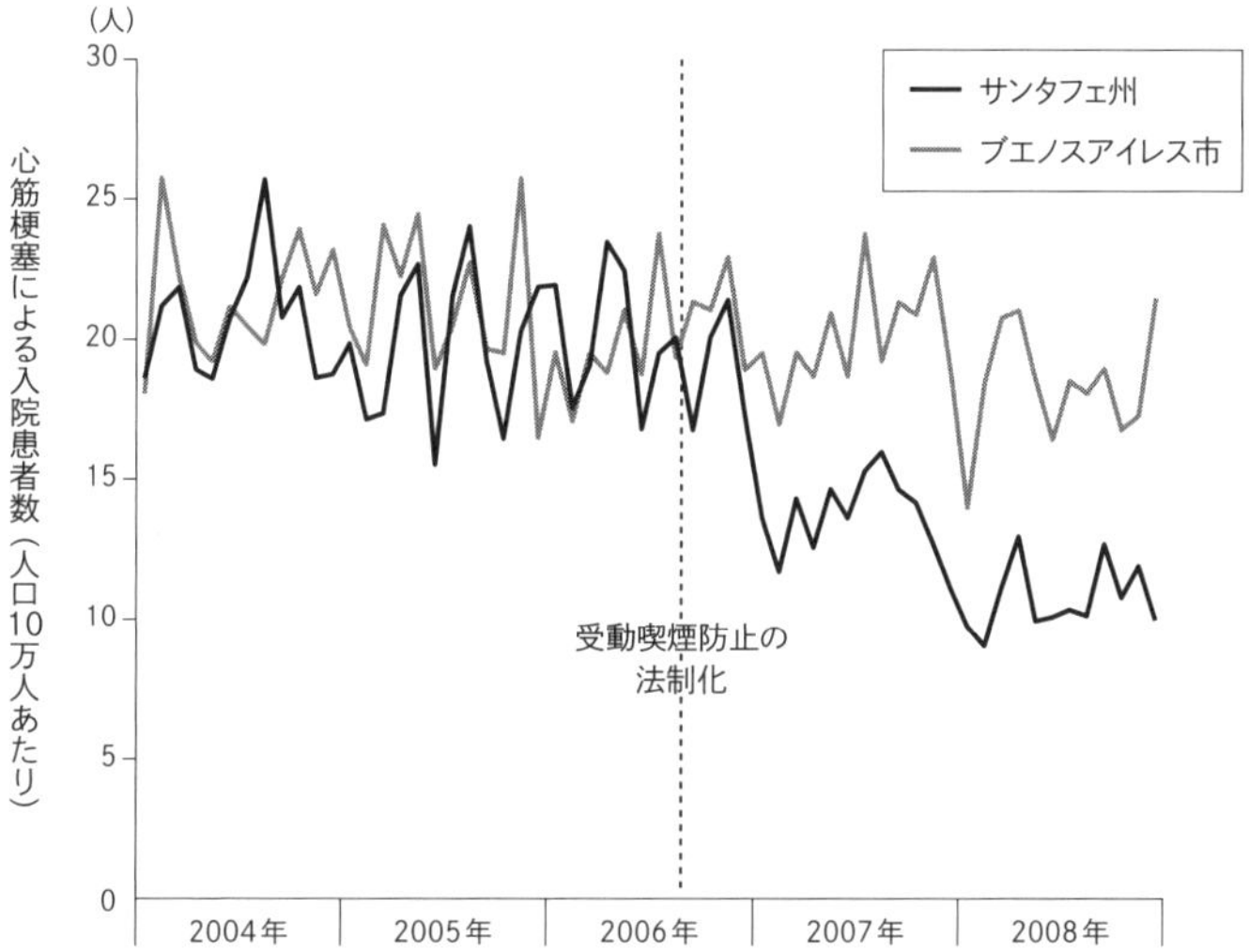

（出典）Ferrante et al (2012) をもとに筆者作成

い措置が取られた。一方、同じ時期、アルゼンチンの首都であるブエノスアイレス市は、レストランやバーに換気装置を設置すれば喫煙してもよいという緩い規制を導入した。

これを自然実験だと考えたアルゼンチン保健省の研究者らは、規制の厳しいサンタフェ州（介入群）と緩いブエノスアイレス市（対照群）を比較しようと考えたのである。そして、この研究が示した結果は実に興味深い。なぜなら、2つの地域では**規制が導入された後も喫煙率は変化しなかった**ことが示されたからだ。喫煙者は規制が導入されたとしても、たばこを吸うのをやめなかったのである。それにもかかわらず、厳しい規制を導入したサンタフェ州では心筋梗塞による入院患者がブエノスアイレス市よりも13％も低くなった（**図表3-3**）。つまり、たばこを吸っていた当人ではなく、**受動喫煙を強いられていた人々の健康状態が改善した**と考えられる。

とはいえ、厳しい規制はサンタフェ州の経済に悪影響を与えなかったのだろうか。規制が導入された当初、サンタフェ州のレストランやバーの経営者は、喫煙者が外食を敬遠することによる売上の減少を懸念した。しかし、規制の厳しい州と緩い州のレストランやバーの売上を比較したその後の研究では、**2つの地域の売上に統計的に有意な差がなかった**ことが示されている。アメリカでも複数の州や都市で同様の規制が導入されているが、過去の研究より、それらの規制はレストランやバーの売上だけではなく、ホテルや施工業界の売上にも影響を与えないことが明らかになっている。

日本は受動喫煙を防止する規制や対策が十分ではない国として知られるが、この研究から、ブエノスアイレス市のように部分的な受動喫煙防止策では、たばこを吸わない人々を受動喫煙の被害から守るだけの十分な効果が得られないことがわかる。日本でももっと厳しい受動喫煙防止策が検討されるべきというのは決して行き過ぎた要望とはいえまい。

第4章

認可保育所を増やせば母親は就業するのか

「トレンド」を取り除く「差の差分析」

実験をまねる「疑似実験」

自然実験は、観察データと外生的ショックを利用して「あたかもランダム化比較試験のような状況を見出す」という手法だった。しかし、法律や制度の変更、自然災害などの外生的なショックは日常的に生じるようなものではなく、自然実験が当てはまるような状況を見つけ出すのは簡単ではない。このような場合、私たちはどうすればよいのだろうか。

この章から先は「**疑似実験**」を学んでいこう。実験を「まねる」ことから「疑似」実験と呼ばれる。つまり観察データと統計的な手法を用いて、あたかもランダム化比較試験を実施しているような状態を作り出そうというわけである。ここでいう「統計的な手法」として、本書では以下の4つを紹介する。

差の差分析（第4章）
操作変数法（第5章）
回帰不連続デザイン（第6章）
マッチング法（第7章）

図表4-1 前後比較で、広告の効果を推定できる？

	2014年12月	2015年12月	差
売上高	1000万円	1400万円	400万円
広告の有無	×	○	
広告の費用	0円	100万円	100万円

300万円の収入増？

前後比較は意味がない

ジュエリーショップの例に戻ろう。あなたが勤めているジュエリーショップでは、2014年のクリスマスには広告を出さず、12月の売上は1000万円だった。翌2015年のクリスマス商戦で大々的に新聞広告を出し、12月の売上は1400万円だった。

広告を出すのにかかった費用100万円を差し引いても、2015年12月は前年と比べて300万円分売上が増えたことになる（**図表4-1**）。

これは広告の効果だと言ってもよいのだろうか。翌年の2016年のクリスマス前にまた広告を出すべきなのだろうか。

図表4-1だけを見れば、2014年には1000万円だった売上が2015年に1400万円になったのは広告の効果であって、2016年にもまた広告を出すべ

きである、と結論付けてしまいそうだ。このように、単純に広告を出す前後で結果を比較する分析手法を「**前後比較デザイン**」という。施策や企画の効果があったと説明される際に示される分析としてよく見るという人もいるかもしれない。

しかし、前後比較デザインでは、広告と売上のあいだの因果関係を明らかにすることはできない。

前後比較が使えない2つの理由

なぜ、前後比較デザインを使うことができないのだろうか。理由は2つある。1つ目は、**時間とともに起こる自然な変化（「トレンド」）の影響を考慮することができない**からだ。ジュエリーショップの例で考えてみると、2015年は2014年と比べて景気がよかったから売上が伸びたのであって、広告を出していなかったとしても売上は1400万円だったかもしれない。そのため、広告を出したかどうかにかかわらず生じていた「トレンド」を、あたかも広告の効果と勘違いしてしまうリスクがある。

2つ目は「**平均への回帰**」の可能性である。これは、データ収集を繰り返していると、たまたま極端な値をとったあとは、徐々にいつもの水準に近づいていく、という統計的な現象のことだ。たまたま一回血圧を測ると、すごく高かったり低かったりするが、もう数回測定してみると、いつもの血圧に近い数字になっているという経験をしたことのある人もいるだろう。もちろん走ってきたから血圧が高かったなどという場合もあるだろうが、測定を繰り返すことで平均（いつもの血圧）に近づいていくという「平均への回帰」を見ている場合もある。ひょっとしたら、あなたが勤めているジュエリーショップは2014年に売上がたまたま減っただけなのかもしれない。だとすれば、平均への回帰が生じ、翌年の2015年の売上は増えても不思議ではない。

広告を出して、仮に売上が伸びたとしても、それが「トレンド」や平均への回帰のせいではないとは言い切れない。だから、前後比較デザインを用いて、広告の因果効果を明らかにすることはできないのだ。

昨年の売上が「反事実」ならば前後比較は有効だが……

ただし、前後比較デザインを用いることができる稀なケースもある。引き続き、図表

4-1の例について考えてみよう。

2014年と2015年の売上の差（400万円）が広告の因果効果であると言えるためには、2015年に広告を出さなかったとしたら、2015年の売上は2014年とまったく同じになっているという条件を満たす必要がある。

別の言いかたをすれば、2015年に広告を出さなかったらどうなっていたかという反事実を、2014年の売上で表すことができる、という場合だ（**図表4-2**）。

しかし、実際には広告の有無にかかわらず、売上は一定の「トレンド」をもって上がったり、下がったりしていることが多い。**図表4-3**は図表4-1を少し過去までさかのぼったものだ。ここで示されているとおり、2012年から2015年にかけて、あなたの勧めているジュエリーショップは人気があって、売上は右肩上がりだった。2012年から2014年のあいだに1度も広告を出していないのにもかかわらず、毎年400万円ずつ順調に売上が増加していたのである。

この場合、2014年と2015年の売上の差である400万円は、広告の効果ではなく、単なる「トレンド」だということになる。もし2012年から2014年の売上を見なかったら、2014年から2015年にかけての400万円の売上増加を広告の

図表4-2 前後比較デザインが有効な稀なケース

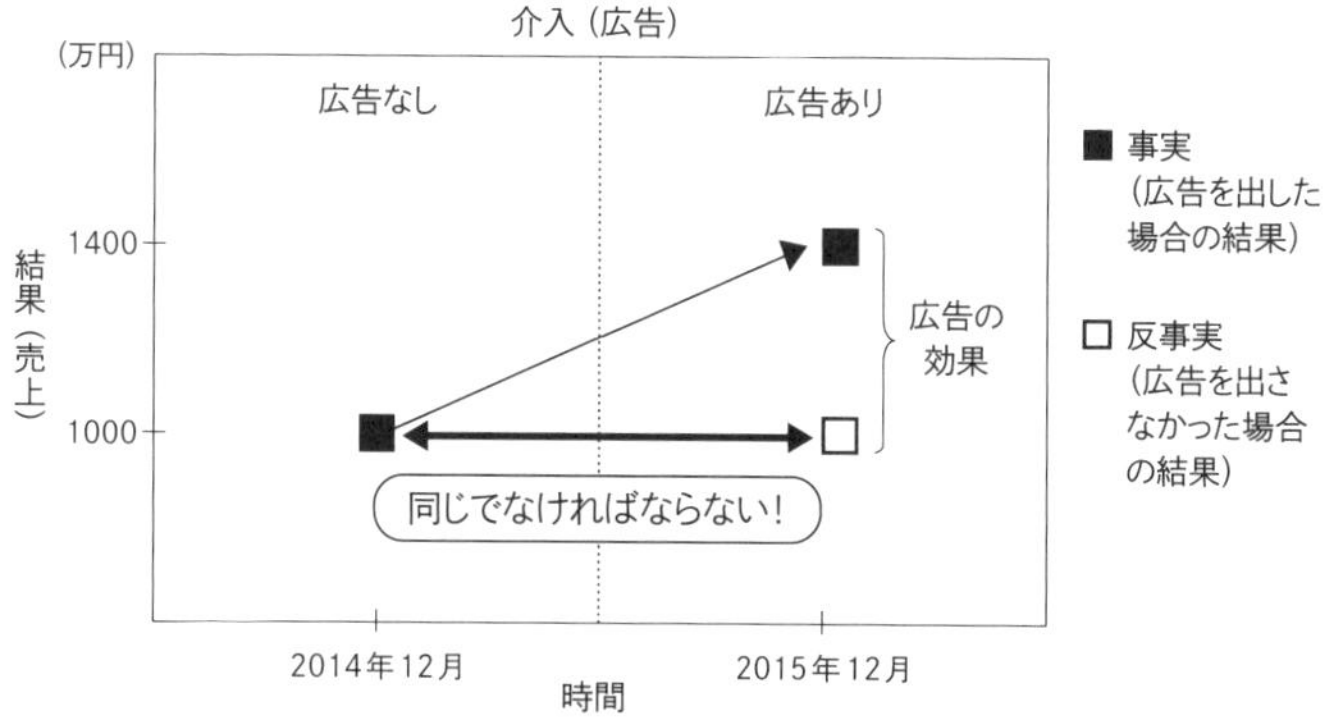

図表4-3 過去の売上データをさかのぼって見てみる

時期	2012年12月	2013年12月	2014年12月	2015年12月
売上	200万円	600万円	1000万円	1400万円
広告の有無	×	×	×	○

+400万円　+400万円　+400万円

図表4-4 前後比較デザインでは、「トレンド」の影響を見落としがちになる

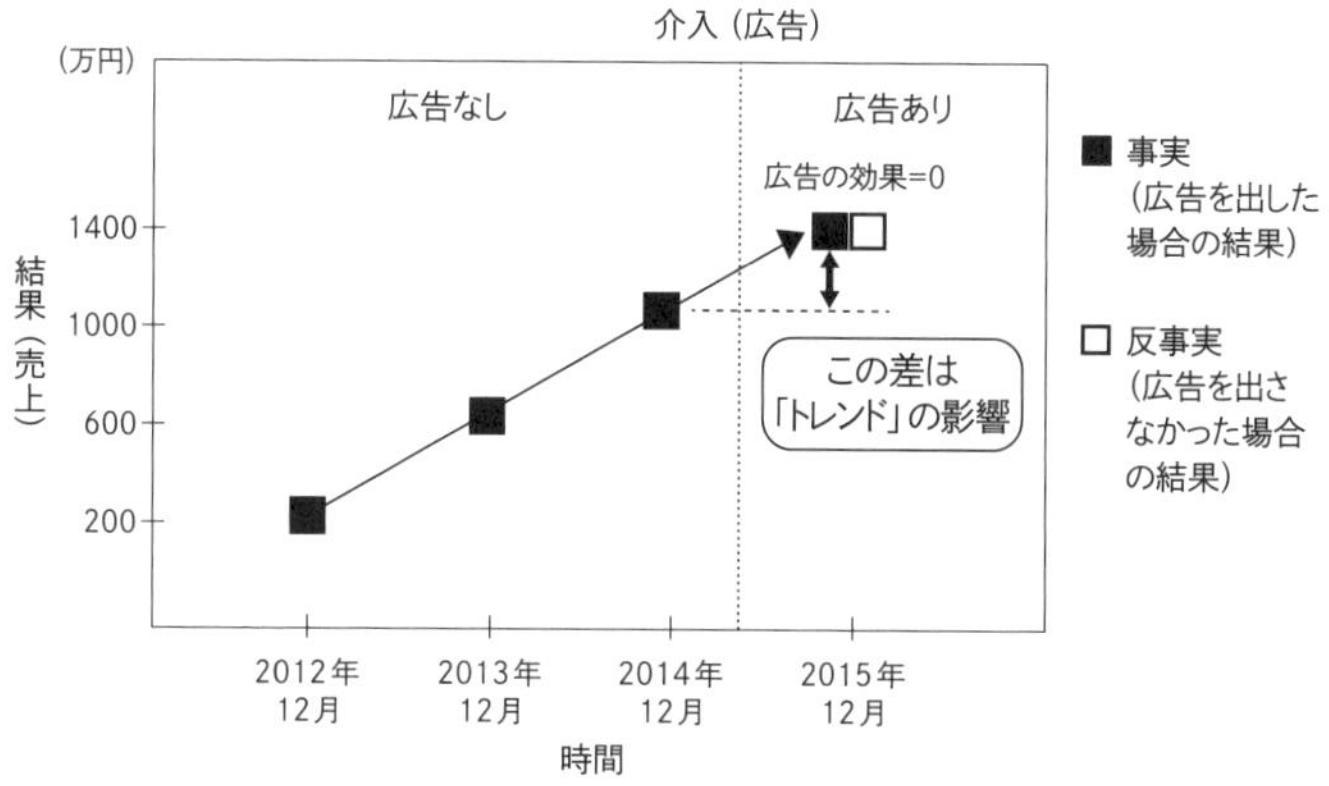

効果であると誤って解釈してしまっていただろう。

図表4-4を見てほしい。事実も反事実も同じように売上が右肩上がりで増加する「トレンド」を描いており、広告の効果はゼロであることがわかる。

前後比較デザインを改良した「差の差分析」

そこで、前後比較デザインを改良したものが「**差の差分析**」である。前後比較デザインとは異なり、差の差分析には、反事実を表す「対照群」が必要になる。

差の差分析を行うには、介入群と対照群のそれぞれにおいて、介入前と介入後の2つのタイミングのデータを入手しなければならない。その名が示すとおり、2つの「差」が必要だ。1つ目の差は介入の前後の「差」である（これは前後比較デザインが推定している効果と同じものである）。そして2つ目の差は介入群と対照群の「差」である。この2つの「差」の差を取って介入の効果を推定するので、「差の差」分析と呼ばれる。

もう少し詳しく見ていこう。**図表4-5**で示すように、介入を受けたグループ（介入群）において、介入前の結果をA1、介入後の結果をA2とする。介入を受けなかったグループ（対照群）において、介入前の結果をB1、介入後の結果をB2とする。

図表4-5 差の差分析のコンセプト（1）

	介入前	介入後	差
介入群	A1	A2	A2 − A1
対照群	B1	B2	B2 − B1

差の差 {(A2 − A1) − (B2 − B1)}が因果効果

図表4-6 差の差分析のコンセプト（2）

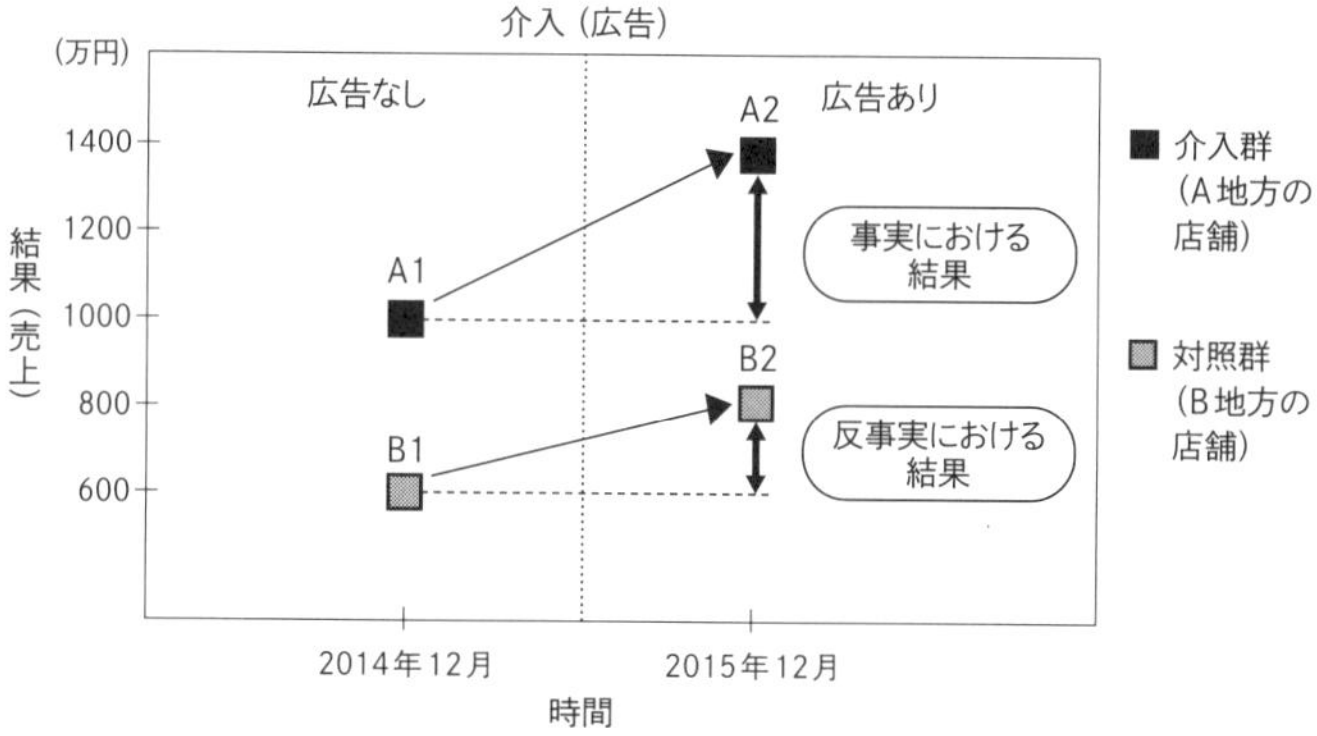

図表4-7 差の差分析でジュエリーショップの売上を推定する

	2014年12月	2015年12月	差
介入群の売上（A 地方の店舗）	1000万円	1400万円	400万円
対照群の売上（B 地方の店舗）	600万円	800万円	200万円

200万円の因果効果

介入群の前後比較（A2－A1）と対照群の前後比較（B2－B1）、この2つの差である（A2－A1）－（B2－B1）が差の差分析によって推定される介入の効果だ。**図表4-6**のA1→A2の線が事実（広告を出したシナリオ）を表し、B1→B2の線が反事実（広告を出した店舗が仮に広告を出さなかったらどうなっていたかというシナリオ）を表している。

介入群の前後の差であるA2－A1から、対照群の前後の差であるB2－B1を差し引くことで、「トレンド」の影響を取り除き、正しく因果効果を推定することができる。

ジュエリーショップの例で説明しよう。全国にある店舗のうち、A地方の店舗は2015年に広告を出したが、同じ時期にB地方の店舗では広告を出していなかったとする。B地方の店舗では、2014年12月には600万円、2015年12月には800万円の売上となっている（**図表4-7**）。

広告を出したA地方の店舗では2014年から2015年にかけて、売上は400万円増加した。一方で、広告を出していないB地方の店舗では800万円－600万円＝200万円増加した。この2地方の売上増加幅の差である400万円－200万円＝200万円が、差の差分析によって得られる介入の因果効果ということになる。前出のように広告にかかるコストが100万円だったしても、広告を出すことで200万円－

100万円＝100万円の追加的な売上が期待できるということになる。

差の差分析が成立するための2つの前提条件

差の差分析が有効であるためには、2つの前提条件が成り立つ必要がある。

1つ目の前提条件は、**「介入群と対照群において、広告を出す前の売上のトレンドが平行である」**[*1]というものである。B地方の店舗の売上は、A地方の店舗がもし広告を出さなかったとするとどうなっていたかという反事実を表している。だから、A地方の店舗とB地方の店舗は、少なくとも介入の前には「比較可能」でなければならない。別の言いかたをすれば、広告を出す前の売上の「トレンド」**（図表4-8の傾き）**はA地方もB地方も同じである必要があるのだ。

＊1　正確には、「介入群がもし介入を受けなかった場合（反事実）、介入後のトレンドは、介入群と対照群で平行になっている」という前提条件が必要である。しかし、この反事実のシナリオ下でのトレンドは誰にもわからないため、介入群と対照群の「介入前」のトレンドが平行であれば、（介入がなかった場合の）介入後のトレンドも平行である可能性が高くなると多くの経済学者は考えている。

図表4-8　差の差分析の前提条件

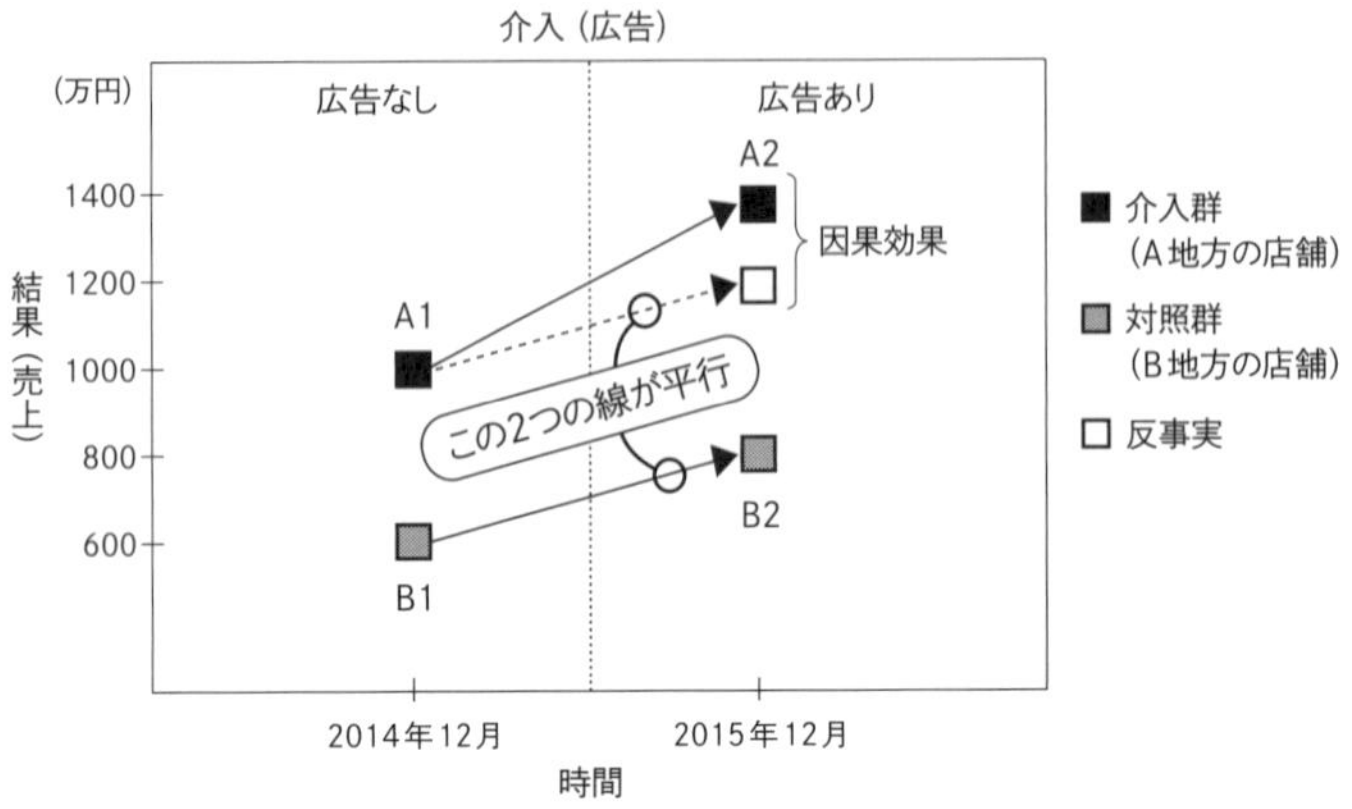

図表4-9　過去の売上を見て「トレンド」を把握する

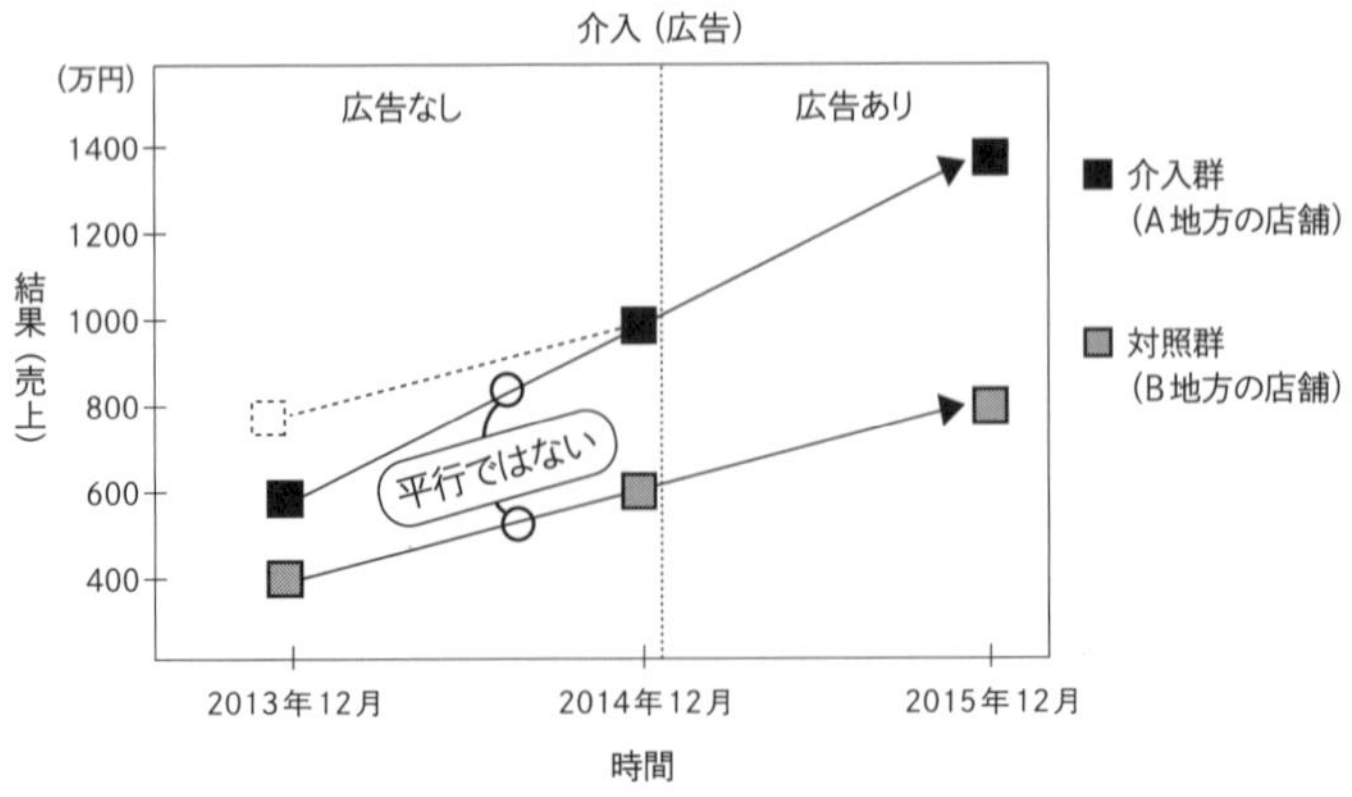

しかし、広告を出す前のA地方とB地方の売上の「トレンド」が同じだったかどうかということは、2014年と2015年のデータだけをながめていてもわからない。そこで、2013年12月のデータを見てみよう（**図表4-9**）。

広告を出す前、すなわち2013年12月から2014年12月にかけてのA地方とB地方の売上の「トレンド」が同じでないということにすぐに気づくだろう。つまり、A地方の店舗は広告があってもなくても毎年400万円ずつ順調に売上が増加し続けているが、B地方の店舗は毎年200万円ずつしか売上が増加していない。これでは、「介入群と対照群において、広告を出す前の売上の『トレンド』が平行である」という前提条件を満たさないので、差の差分析を用いることはできない。

一方、**図表4-10**を見てみよう。A地方とB地方において、広告を出す前の売上の「トレンド」は同じである。両方とも毎年200万円ずつ売上を増加させている。この場合、「介入群と対照群において、広告を出す前の売上の『トレンド』は平行である」という前提条件を満たすので、差の差分析を用いることができる。

2つ目の前提条件は、介入が行われているあいだ（この例では広告を出している2014年12月から2015年12月のあいだ）に、**売上に影響を与えるような「別の変**

図表4-10 「トレンド」が平行であれば差の差分析が使える

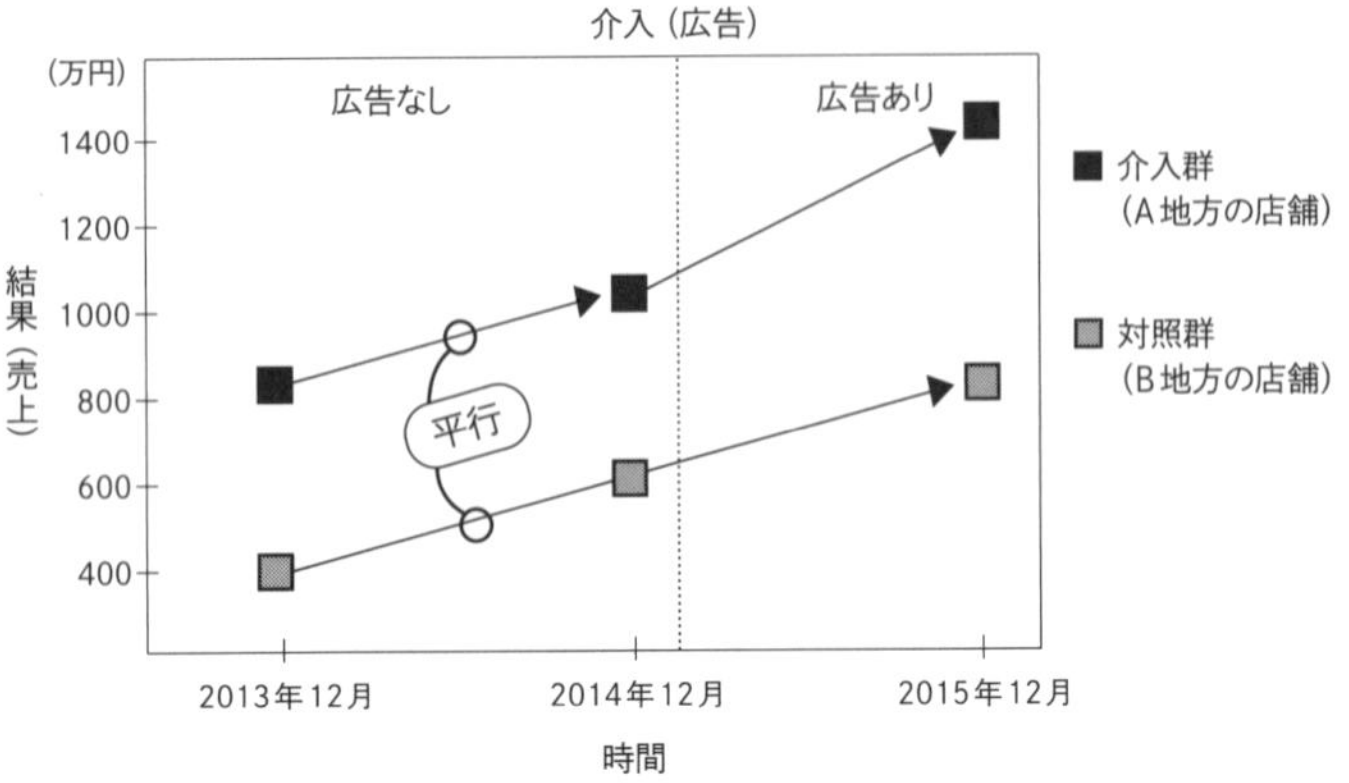

化」が起きていないというものである。

たとえば、２０１５年11月に放映中のドラマの中で人気女優が身につけていたネックレスがヒットしたとする。

しかし、このドラマが放映されたのはA地方だけだったので、そのネックレスが爆発的に売れたのはA地方だけだった。これは問題である。差の差分析で推定した２００万円の売上増は、広告の効果なのか、それともこのドラマの効果なのかがわからなくなってしまう。

「認可保育所の数」と「母親の就業」のあいだに因果関係はあるか

ここから、差の差分析を用いた研究を紹介

しよう。

「保育園落ちた日本死ね！」というフレーズが2016年にユーキャン新語・流行語大賞にノミネートされた。子どもが保育所に入ることができず、仕事をやめざるを得なかった母親の本音は、待機児童問題の深刻さを浮き彫りにした。このフレーズが注目されたことは、政府が保育所に関する規制を緩和する緊急対策のきっかけになった。

しかし、認可保育所を増加させることが、母親の就業を増加させるかどうかは慎重に検討する必要がある。なぜなら、ノルウェー、フランス、アメリカなどでは、認可保育所の整備にもかかわらず、母親の就業は増加しなかったと報告されているからだ。

ここでも保育所と母親の就業の関係が、因果関係なのか相関関係なのかをよく考える必要がある。「保育所があるから母親が就業する」（因果関係）のか、「就業する母親が多い地域ほど、保育所が多い」（相関関係）だけなのか、どちらだろうか。

認可保育所を増やしても母親の就業率は上がらない

この問題に取り組んだのが、朝井友紀子（東京大学）、神林龍（一橋大学）、山口慎太郎（マクマスター大学）である。朝井らは、1990年から2010年にかけての、日本の県別の保育所定員率と母親の就業率のデータを用いて、差の差分析を行った。[*2] 1つ目の差は、1990年から2010年にかけての各都道府県の母親の就業率の差であり、2つ目の差は、県別の保育所定員率が増加した都道府県（介入群）と、まったく、あるいはほとんど増加しなかった都道府県（対照群）の母親の就業率の差である。この2つの「差」を取ることで、保育所定員率の増加が母親の就業率の増加に与える因果効果を推定したのである。

朝井らの分析結果は、「**保育所定員率と母親の就業率のあいだには因果関係を見出すことができない**」という驚くべきものだった。この理由として、認可保育所が、私的な保育サービス（祖父母やベビーシッター、あるいは認可外保育所など）を代替するだけになってしまった可能性が指摘されている。もともと就業意欲の高かった女性は、こうした私的な保育サービスを利用しながら就業を継続していた。そのため、認可保育所の定員の増加は、彼女たちに私的な保育サービスから公的な保育サービスへの乗り換えを促しただけで、これまで就業していなかった女性の就業を促したわけではなかった。

おそらく最も強い代替関係があったのは祖父母の育児であろう。厚生労働省の統計（2003年）によると、3歳の子どもの「ふだんの保育者」（複数回答可）は、保育所の保育士が27％であるのに対して、祖父母は38％にも上っており、特に母方の祖父母の割合が大きい。

この論文の著者の1人である山口は、認可保育所の整備が母親の就業に因果効果を持たなかったとしても、保育所が保育士のような専門的な知識や技能を持つプロフェッショナルの集団であることを考えれば、子どもの発達や健康にはプラスの影響がある可能性があると指摘している。実際、過去の経済学の研究は、質の高い幼児教育の投資リターンが極めて大きいことを明らかにしているものが多い。この意味では、山口も指摘するように、認可保育所の整備は、母親の就業のためというよりは、子どものよりよい将来のためと位置づけるほうが適当なのかもしれない。

「最低賃金」と「雇用」のあいだに因果関係はあるか

もう1つ、差の差分析を用いた研究を紹介しよう。

雇用者が労働者に対して支払わなければならない賃金の最低額を「最低賃金」と呼ぶ。日本では都道府県別に最低賃金は異なっており、たとえば2016年10月時点の最

＊2 保育所定員率は、認可保育所定員数を0～5歳の子どもの人口で割って求める。

低賃金は、東京都では時間あたり932円、沖縄県では714円となっている。安倍政権の成長戦略でも、政府主導の最低賃金引き上げについて言及されており、これを歓迎する声もある一方で、雇用への悪影響を懸念する声も根強い。

もし企業が、最低賃金の上昇に伴うコスト増を、リストラをして人員調整することで相殺しようと考えたなら、最低賃金の増加は雇用の減少をもたらすだろう。実際に1970年代のアメリカでは、最低賃金の上昇によって若者の雇用が減少したと言われている。

しかし、最低賃金と雇用のあいだに因果関係があると断定するのは尚早だ。最低賃金の引き上げは、しばしば景気が悪化しているときにとられる政策である。賃金を上げ、個人消費を改善させるためだ。このような場合、「景気の悪化」は、最低賃金にも雇用にも影響を与える交絡因子となり、「最低賃金が上昇したから雇用が減少した」（因果関係）のか、「景気が悪化したため雇用は低下し、最低賃金が引き上げられた」（相関関係）だけなのかがわからなくなってしまう。

この問題に挑んだのがカリフォルニア大学バークレー校のデビット・カードらである。彼らは、ニュージャージー州とペンシルベニア州の境界をまたいで隣り合う郡に着目した。アメリカでは、最低賃金の変更は州ごとに行われるので、1992年にニュージャージー州だけは最低賃金を4・25ドルから5・05ドルに上げ、ペンシルベニア州では据え置かれるということが起こったのだ。

この研究では、1つ目の差として、1992年前後の2つの州での雇用率の差を取り、2つ目の差として、ニュージャージー州（介入群）とペンシルベニア州（対照群）の雇用率の差を取った。この2つの「差」を取ることで、最低賃金の上昇が雇用に与える因果効果を推定したのである。

最低賃金を上げても雇用は減らない

カードらの分析の結果、**最低賃金の上昇は雇用を減少させない**ことが明らかになった。[*3] また、最低賃金の上昇は、ニュージャージー州の企業による価格の上昇をもたらしていることも明らかになった。つまり、企業は、最低賃金によるコスト増をリストラで

*3　カードらの論文には、カリフォルニア大学アーバイン校のデビッド・ニューマークらによる反論がある。また、今なおさまざまな研究が行われており、最終的な結論は出ていない。特に、ここで紹介した論文の結論が日本にもあてはまるかどうかには慎重な議論が必要である。日本における実証研究については、大竹・川口・鶴編（2013）や鶴（2013）がある。

はなく、価格に転嫁することによって切り抜けようとしたのである。

マサチューセッツ大学アマースト校のアリンドラジット・デューブらが、ニュージャージー州とペンシルベニア州のケースを全米に拡張した論文でも、同様に最低賃金が雇用に与える因果効果は確認できず、穏やかな最低賃金の上昇がもたらす雇用への悪影響は限定的との見方を示している。

第4章のキーワード

差の差分析

介入を受けるグループ（介入群）と受けないグループ（対照群）において、介入前後の結果の差と、介入後と対照群の結果の差の2つの差を取る方法。ただし、この方法が有効であるためには、2つの前提条件が成り立っている必要がある。1つ目は、介入群と対照群は結果の「トレンド」が同じ、すなわち「トレンド」が「比較可能」であるということ。2つ目は、介入と同じタイミングで、結果に影響を与えるような別の変化が、介入群と対照群に別々に生じていない、ということである。

COLUMN 4

「早く寝ないとお化けが出るよ」は正しい教育法か

アメリカには「スケアード・ストレート」という教育法がある。子どもに「恐ろしい」（スケアード）と感じさせることで、正しい行動（ストレート）をとることの必要性を学ばせるものだ。交通事故の現場を再現して交通ルールの重要性を学ばせたり、非行少年に刑務所を見学させて更生を促したりする。

日本でも「早く寝ないとお化けが出るよ！」と言って子どもを寝かしつける親がいるから、「スケアード・ストレート」はアメリカに限った教育法ではないのだろう。

しかし、アメリカでこの「スケアード・ストレート」なる教育法が特に有名なのには理由がある。この教育法を体験したある若者グループが犯罪に関わらなくなったということが1970年代にテレビ番組で報道されたのだ。それ以来、多くの人が「スケアード・ストレート」には若者の犯罪を抑止する効果があると認識してしまった。

これは、単なる介入の前後比較であり、前後比較デザイン（94頁）を安易に用いたために、誤った結論にいたってしまった典型的な例である。単にその若者グループが大人になったので、今までやっていたような非行行為がバカらしくなっただけなのかもしれないし、テレビ番組のために集められたのが特に非行が激しい若者だったから「平均への回帰」（94頁）があったのかもしれない。

その後、研究者らがこの「スケアード・ストレート」を受講する若者（介入群）と、受講しない若者（対照群）をランダムに割り付けて比較をすると、驚くべきことがわかった。**受講した若者（介入群）のほうが、受講しなかった若者（対照群）よりも、その後の人生で犯罪にかかわる確率が高かった**ことが示唆されたのだ。

このプログラムは一見効果があるように見えるが、決して若者を更生させる力をもたないばかりか、かえって彼らを犯罪者にする確率を高めているということになる。

安易に前後比較デザインを用いて政策を評価することは「スケアード・ストレート」のように期待した結果が得られないどころか、むしろ社会的な害悪となる可能性がある政策を高く評価してしまうということになりかねない。日本でも「ゆとり教育」のように、いきなり全国展開した後に、流行が廃れるように終了し、その後は前後比較デザインに基づく評価しかなされていないという政策が山のようにある。因果関係を検証することなしに、一見すると効果があるように見える政策を実施することは、何よりも国民に大きなリスクを負わせているのだということを忘れてはなるまい。

第5章

テレビを見せると子どもの学力は下がるのか

第3の変数を利用する「操作変数法」

新聞の広告料割引キャンペーンを利用する

この章では「**操作変数法**」について説明していこう。

再びジュエリーショップの例を思い出してほしい。ジュエリーショップに勤めているあなたは、広告が売上に因果効果を持つのかについて知りたい。部下に調べてもらったところ、残念ながら広告を出している店舗と出していない店舗を比較可能な2つのグループとみなすことは難しいようである。なぜなら、広告を出すかどうかは各店舗の店長の裁量によるところが大きく、広告を出す店舗と出さない店舗では店長のやる気があまりにも違いすぎているためだ。この状況では、広告と売上のあいだには本当は因果関係がないのだが、「店長のやる気」という交絡因子が存在していることによって「見せかけの相関」が生じている可能性がある。

あなたが売上データを眺めながら頭を悩ませていると、1つのことに気がついた。数年前、ある地方の新聞社がどう考えても思いつきとしか思えないタイミングで広告料を大幅に引き下げるキャンペーンをしていた。広告料が下がれば、その地方にある店舗が広告を出す可能性は飛躍的に高まる。そこであなたはこう考えた。この新聞社の広告料割引キャンペーンを利用することで、広告の売上に対する因果効果を明らかにすること

図表5-1 「操作変数」を利用して因果効果を測る

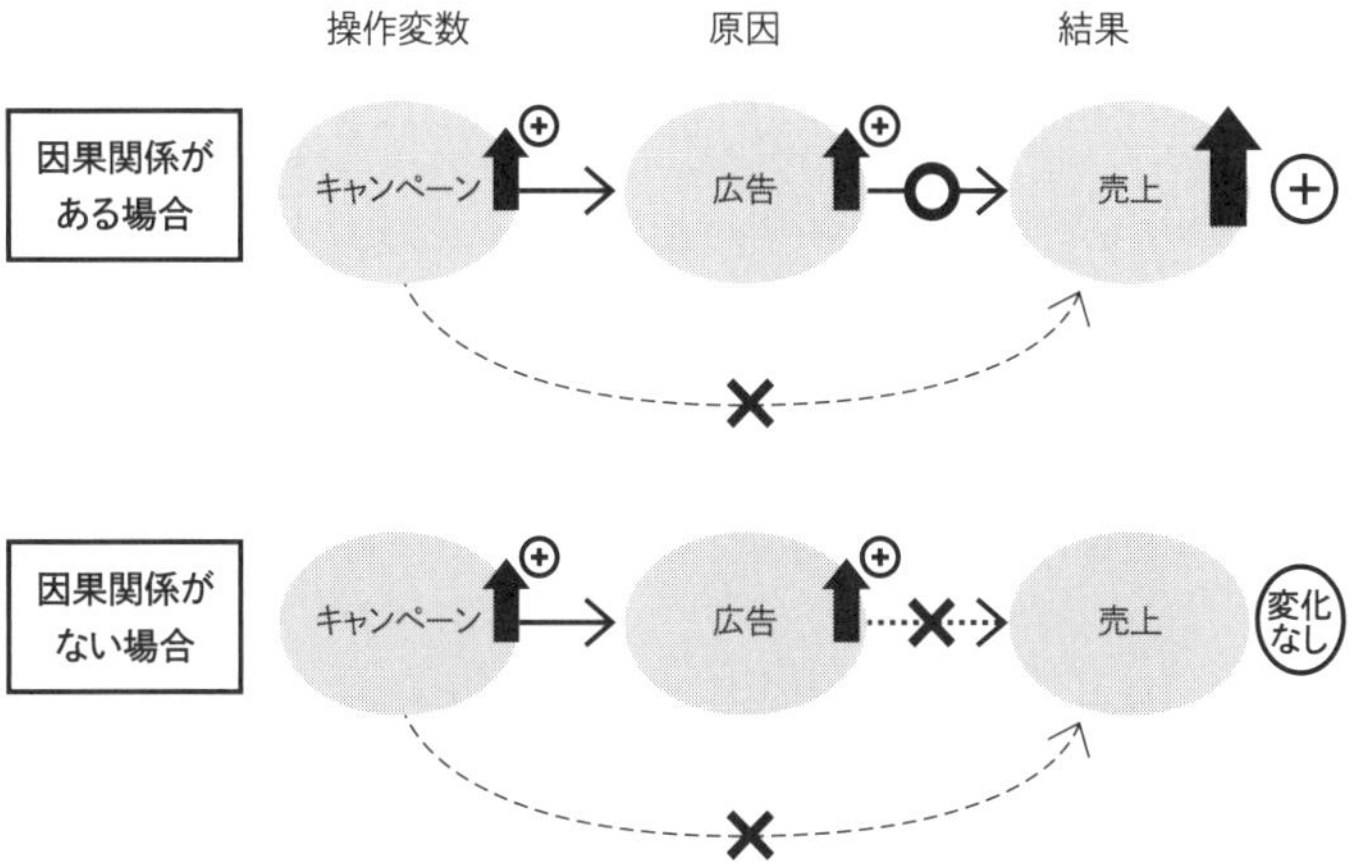

はできないだろうか、と。

これが操作変数法の基本的な考え方である。**操作変数とは「結果には直接影響を与えないが、原因に影響を与えることで、間接的に結果に影響を与える」ような第3の変数**のことを指す。広告の例で言えば、売上には直接影響を与えないが、広告を出すかどうかには影響を与えることで、間接的に売上に影響を与えるような変数ということになる。新聞社が広告料割引キャンペーンをしたかどうかは、店長のやる気とは関係がないし、ジュエリーの売上には直接影響を与えない。しかし、広告を出すかどうかの意思決定に影響を与えることで、売上に間接的に影響を及ぼす。

なぜ、操作変数を使えば広告と売上の因果関係がわかるのだろうか。

図表5-1を見てみよう。新聞社が広告料割引キャンペーンを開始した。そうすると、当然、広告を出す店舗は増加するだろう。しかし、このキャンペーンは、ジュエリーの売上には直接影響しない。

このため、もし広告と売上のあいだに因果関係があれば、キャンペーンによって広告を出す店舗が増加すると、その結果売上は増加すると考えられる。一方、もし因果関係がなければ、キャンペーンによって広告を出す店舗が増加しても、売上は増加しないだろう。

操作変数法が成立するための2つの前提条件

操作変数は、次の2つの条件を満たす必要がある。1つ目は、**操作変数は原因に影響するが、結果には直接影響しない**ということだ。**図表5-2**を見てみよう。このとき、原因と結果の因果関係を、「原因→結果」のように矢印で表すこととする。矢印は因果関係があることを意味している。矢印の始点が原因で、終点が結果だ。

ここで、操作変数が成り立つためには、「操作変数→原因」は成り立つが、「操作変数

図表5-2 第3の変数が操作変数であるための条件（1）

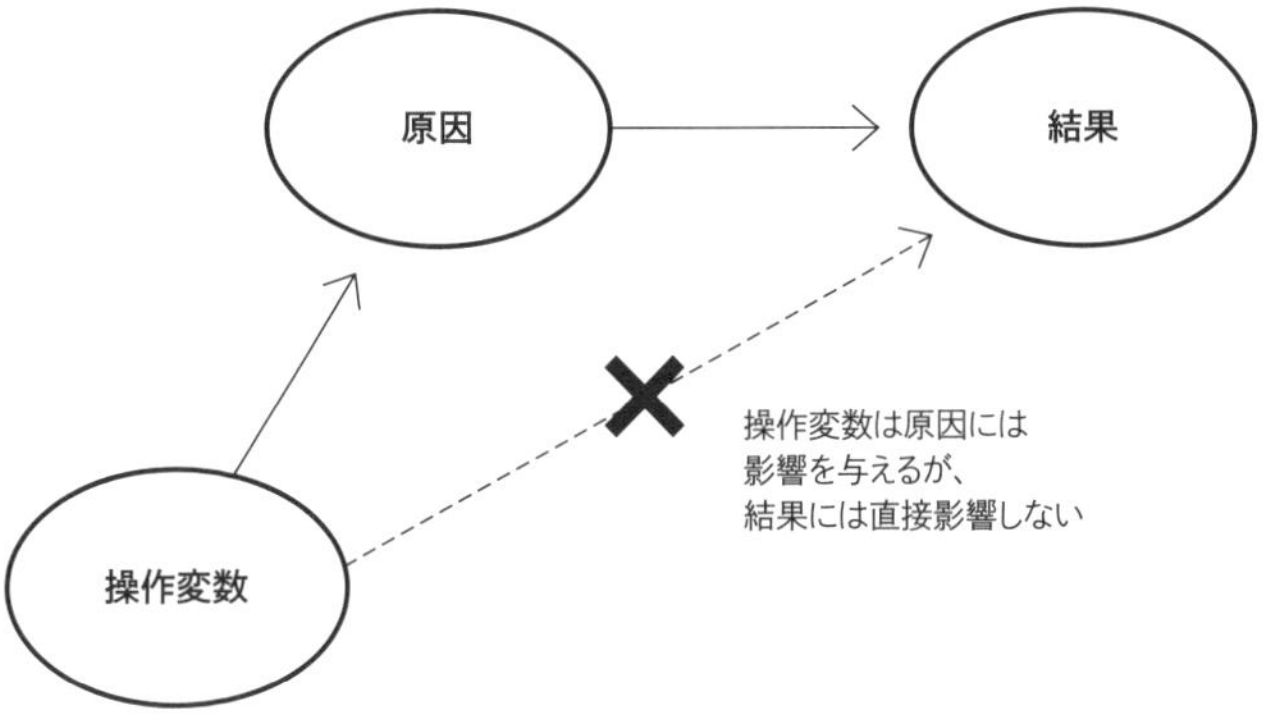
原因
結果
操作変数
操作変数は原因には
影響を与えるが、
結果には直接影響しない

図表5-3 第3の変数が操作変数であるための条件（2）

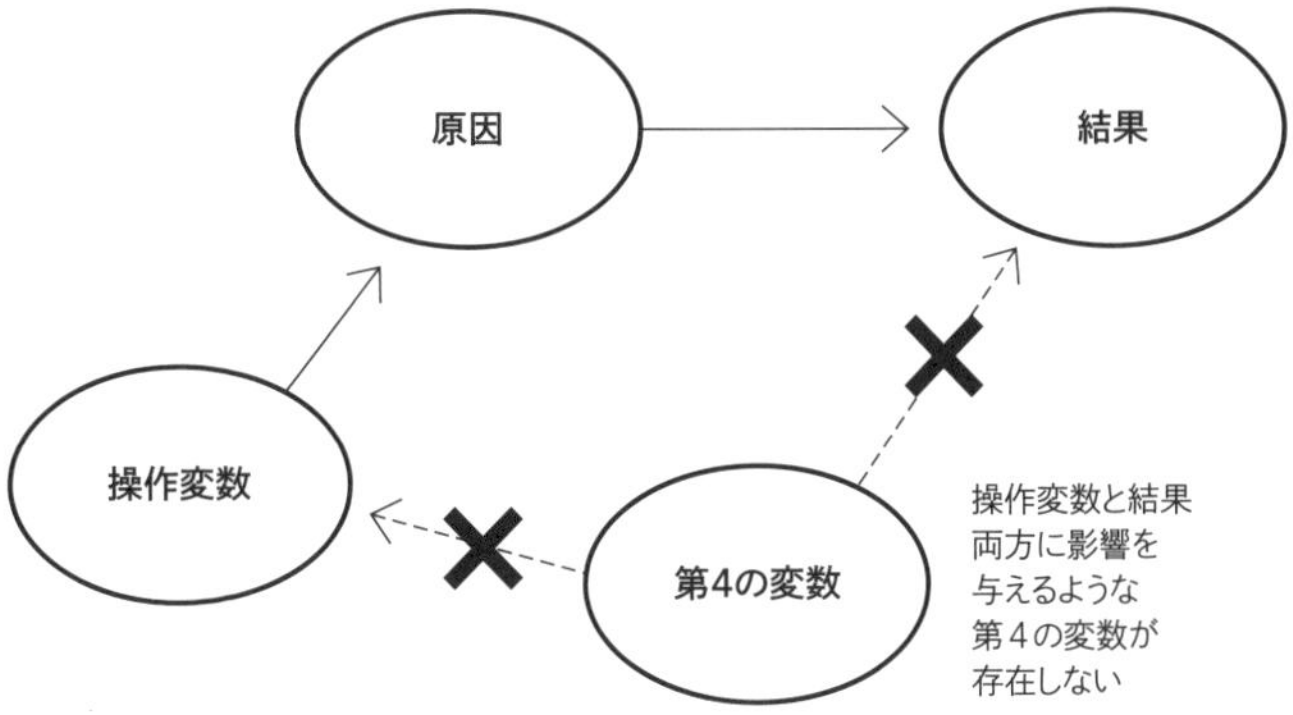
原因
結果
操作変数
第4の変数
操作変数と結果
両方に影響を
与えるような
第4の変数が
存在しない

→結果」は成り立たない、という条件を満たす必要がある。

2つ目の条件は、**図表5-3**で示されるように**操作変数と結果の両方に影響するような「第4の変数」が存在してはならない**ということである[*1]。

「テレビの視聴」と「学力」のあいだに因果関係はあるか

それでは、早速、操作変数を用いた研究を見ていこう。

子どもがテレビを見過ぎていることを気にしている親は多いはずだ。厚生労働省の統計によると、小学校6年生の子どもは平日に約2・2時間、休日には約2・4時間もの時間をテレビの前で過ごしているようだ。これでは親が心配するのも無理はない。

アメリカではテレビの俗称として「愚か者の箱」という言葉があるほどで、テレビが子どもの発達や健康、あるいは学力などに悪影響を与えると信じている人は多い。

しかし、本当にテレビを見ると子どもの学力は低くなってしまうのだろうか。ここでも、テレビの視聴と子どもの学力の関係が、因果関係なのか相関関係なのかをよく考える必要がある。「テレビを見るから学力が低くなる」（因果関係）のか、「学力の低いような子どもほど、よくテレビを見ている」（相関関係）だけなのか、どちらだろうか。

この問いに取り組んだのが、スタンフォード大学のマシュー・ゲンコウらである。ゲンコウは、電波障害への対応を行うことを理由に、1948年から1952年までの4年間、テレビ放送免許の凍結が行われたという歴史的なイベントに注目した。

アメリカでは、テレビは1940年代から1950年代の半ばにかけて普及した。この時期にテレビを視聴できる家庭が増える中、テレビ放送免許が停止された1948年時点で、テレビ局がまだ1つも開局されていない地域に住んでいた人々は、1952年に再びテレビ放送免許の凍結が解除されるまでテレビを見ることができなかった。つまり、テレビ放送免許の凍結により、48年以前からテレビを見ることができた家庭（介入群）と、52年以降しかテレビを見ることができなかった家庭（対照群）が生じたということになる。ゲンコウらによると、テレビのある家庭の子どもはテレビに夢中になり、平均して1日に3時間半もの時間をテレビの前で過ごしていたという。

ゲンコウは、テレビの視聴の操作変数として、「1948年から1952年にテレビを所有していたかどうか」を用いた。この時期、テレビを所有していたかどうかは、

＊1 正確には、「第4の変数」が存在していても、測定されており、データとして手元にあれば問題ない。統計処理をすることで、第4の変数の影響を取り除くことができるからである。

1948年以前に放送免許を取得したテレビ局がすでに放送を始めている地域に住んでいたかどうかによるところが大きい。つまり、放送免許に関する規制は明らかにテレビの視聴時間に影響を与えるが、子どもの学力には直接影響しないと考えられる。すなわち、操作変数として妥当であるといえよう。

テレビを見ると偏差値が上がる

ゲンコウらの分析結果は驚くべきものだ。1940年代から1950年代の前半にかけて、**幼少期にテレビを見ていた子どもたちは、小学校に入学した後の学力テストの偏差値が0・02高かった**ことが明らかになったのである。また宿題に費やす時間や進学希望などにも悪影響は見られなかった。特に、英語が母語でなかったり、母親の学歴が低かったり、白人以外の人種の子どもでは、テレビを視聴することで成績が上がる効果は大きかったこともわかっている。

ゲンコウらは、子どもにテレビを見せることをためらう保護者が多いのは、テレビを見ていると子どもが受動的になり、絵を描いたり、スポーツをするなどの機会を失ってしまうからではないかという。実際、こうしたほかの活動の選択肢が多い経済的に豊かな家庭では、テレビが持つプラスの因果効果は極めて小さくなってしまい、ときにはマイナスになることが明らかになっている。とは言え、貧困家庭の子どもにとってはメリットがあることを強調する研究もあることから、ゲンコウらは、政府や教育関係者が根拠もなくやたらとテレビがもたらすマイナスの効果を喧伝することがないよう注意を促している。

「母親の学歴」と「子どもの健康」のあいだに因果関係はあるか

もう1つ、操作変数法を用いた研究を紹介しよう。コロンビア大学のジャネット・カリーらの研究がそれだ。カリーは、幼少期の子どもの健康状態が、大人になってからの学歴や所得に大きな影響を及ぼすということを数々の研究で明らかにしてきた経済学者だ。そのカリーが次に明らかにしようとしたことは、幼少期の子どもの健康状態が何によって決まっているのか、ということだった。

彼女は、母親の学歴が高くなれば、子どもの健康状態によい影響があるのではないかと考え、アメリカの200万人以上の母親のデータを用いて研究を実施したのである。

母親の学歴が高いと、子どもの健康状態はよいというのは本当だろうか。ここでも、母親の学歴と子どもの健康の関係が因果関係なのか相関関係なのかをよく考える必要がある。「母親の学歴が高いから子どもが健康になる」（因果関係）のか、「学歴が高くなるような母親の子どもは健康になる」（相関関係）だけなのか、どちらだろうか。

カリーらは、「17歳時点で住んでいた自宅から大学までの距離」を操作変数に用いた。17歳時点で住んでいた自宅の近くに大学があるかどうかは、通学や下宿の費用に影響するから、大学に進学するかどうかの意思決定に影響を与える。実際にカリーらが用いたデータによると、17歳時点で住んでいた自宅の近くに大学が1校増加するごとに、その地域の女性の大学進学率は19％も増加したという。しかし、17歳当時に住んでいた自宅から大学までの距離は、その何年も後に生まれた子どもの健康には直接影響を与えないので、操作変数として妥当だと考えられる。

母親が大卒だと生まれてくる子どもの健康状態がよい

カリーらの分析によると、大卒以上の高学歴を持つ母親の子どもは、早産や低出生体重で生まれる確率が低く、生まれたときの健康状態が良好だったことが示されている。

なぜなのか詳しくみてみると、大卒以上の高学歴を持つ母親は、妊娠中に喫煙する確率が低く、妊婦健診に行く確率が高かったことがわかった。つまり、大学へ進学することによって、子どもの健康状態がよくなるような習慣を身に付けたということになる。

カリーらの研究は、教育がもたらす恩恵について考える機会を与えてくれる。シカゴ大学のマイケル・グリーンストーンらの研究によると、株式や債券などへの金融投資から得られる平均的な利回りは、大学進学への投資から得られる利回りに遠く及ばず、私たち自身が高度な教育を受けることよりも有利な投資先を見つけることは極めて難しいという。そしてカリーらの研究によれば、教育はそれを受けた本人だけでなく、次の世代の子どもたちにも恩恵をもたらす。教育は、社会にとって最も割のいい投資の1つと言ってもよいのではないか。

第5章のキーワード

操作変数法

「原因に影響を与えることを通じてしか結果に影響を与えない」という操作変数を

用いて、介入を受けるグループ（介入群）と受けないグループ（対照群）を比較可能な状態にする方法。ただし、この方法が有効であるためには、2つの前提条件が成り立っている必要がある。1つ目は、操作変数は原因には影響を与えるが、結果には直接影響しないということ、2つ目は、操作変数と結果の両方に影響するような第4の変数が存在しないということである。

COLUMN 5

女性管理職を増やすと企業は成長するのか

2016年に安倍政権は成長戦略の1つとして女性管理職比率に数値目標を設定する「女性活躍推進法」を成立させた。これによって企業や自治体は、女性管理職比率の数値目標を盛り込んだ行動計画を策定し、公表することが義務付けられることとなった。ある調査によると、女性取締役の数が多い企業は業績がよいように見えるが（**図表5-4**）、これが因果関係なのか、相関関係なのかについては、慎重に見極める必要がある。

ノルウェーでは、女性取締役比率が2008年までに40%に満たない企業を解散させるという衝撃的な法律が議会を通過した。南カリフォルニア大学のケネス・アハーンらは、この状況を利用して、女性取締役比率と企業価値のあいだに因果関係があるかを検証しようとした。[*2] **図表5-5**で示されているとおり、この法律が施行された2003年

＊2　アハーンらは、企業価値を表す変数として「トービンのQ」を用いている。これは、負債の時価総額と株価の時価総額の和を資産の時価総額で割って求められる。

図表5-4　女性取締役が多いと企業収益が上がる？

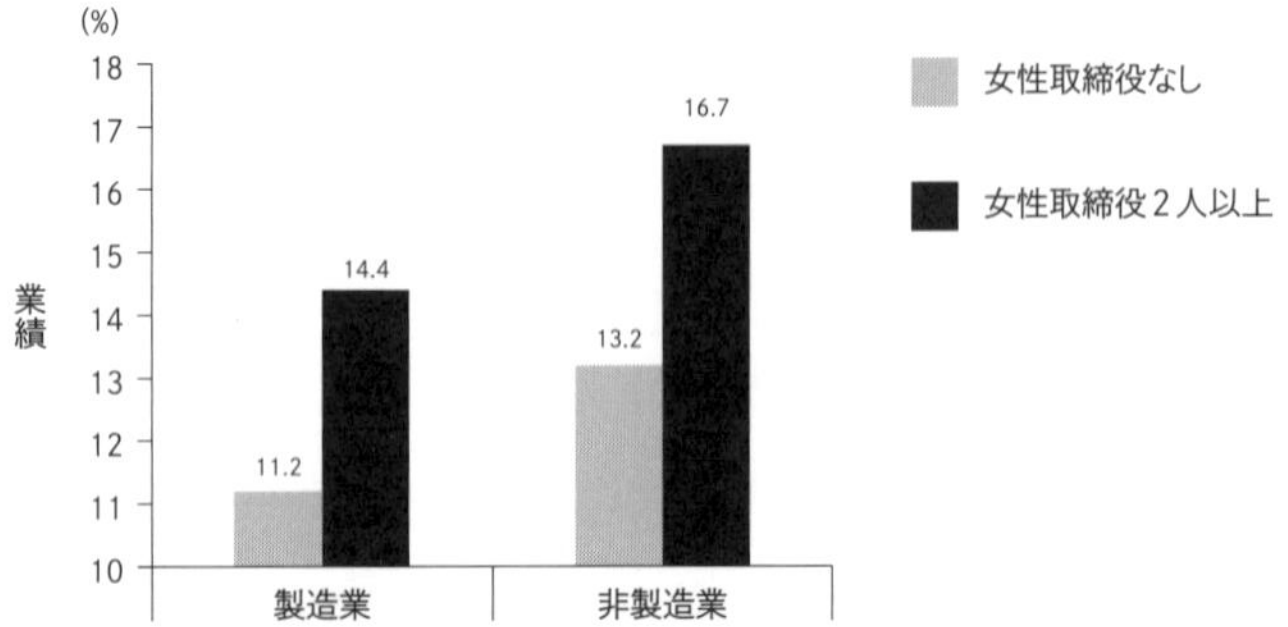

（注）　企業の業績は経常ROE（自己資本比率、Return On Equity）で評価している。これは、企業の収益性を表す指標であり、経常利益を自己資本で割って求める。

（出典）日興フィナンシャル・インテリジェンス
『平成26年度産業経済研究委託事業（企業における女性の活用及び活躍促進の状況に関する調査）報告書』

図表5-5　急激に増えた女性取締役
——ノルウェーの企業の女性取締役比率

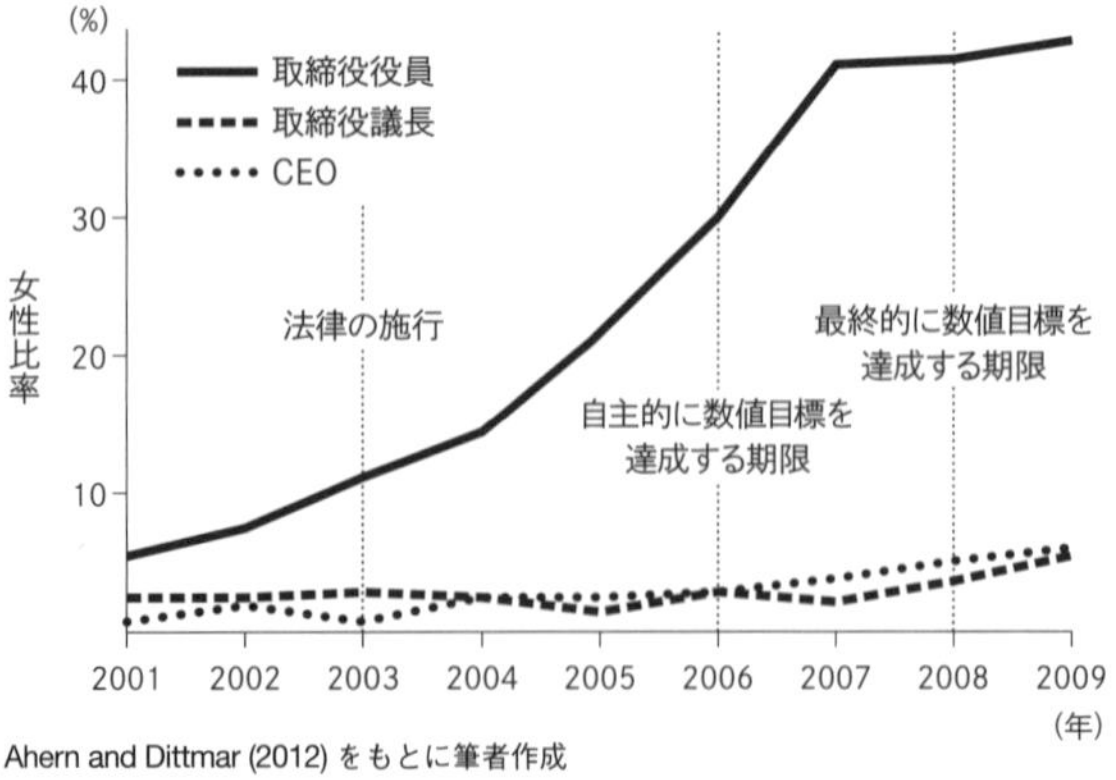

（出典）Ahern and Dittmar (2012) をもとに筆者作成

時点では、ノルウェーの上場企業の女性取締役比率は10%に満たず、しかも企業によってかなりばらつきがあった。

この状況を知るアハーンらは、「法律が施行される前の各企業の女性取締役比率」を操作変数として用いた。要するに、法律施行前にすでに女性取締役比率が高かった企業は、法律施行後、難なく女性取締役比率を40%にすることが達成できただろうから、2003年から2008年のあいだにそれほど女性取締役を増やさずに済んだはずだ。一方、法律施行前に女性取締役比率が低かった企業は、この期間、女性取締役を急速に増加させただろう。このように、「法律が施行される前の女性取締役比率」は2003年から2008年のあいだの各企業の女性取締役の増加率に影響を与えると考えられる。しかしそれが、現在の企業価値に直接影響するとは考えにくいので、操作変数として妥当だと考えられる。

アハーンらが示した結果は驚くべきものだ。**女性取締役比率の上昇は企業価値を低下させる**ことが示唆されたのだ。具体的には、女性取締役を10%増加させた場合、企業価値は12・4%低下することが明らかになった。女性取締役比率に数値目標を設けることは、企業価値を大きく低下させ、そのコストを株主に支払わせることになる可能性があるのである。

なぜだろうか。精査してみると、この期間に新しく取締役に就任した女性は、もともとの取締役よりも年齢が若く、取締役の経験がなく、他業種から参入した人が多いことがわかった。それだけではない。彼女らはもともと取締役だった人と「同じ姓」の人が多いことも判明したのだ。つまり、もともと取締役だった人の妻や娘というわけなのだろう。

政府によって、女性取締役比率の数値目標が課されたことで、ノルウェーの企業の多くは、経験が浅く、経営者の資質に欠ける女性を無理やり取締役にして急場をしのいだ。このことが企業価値を低下させることにつながったと考えられる。

誤解のないように強調しておきたい。筆者らは企業における女性管理職比率の引き上げに反対しているのではない。公平で多様な社会は歓迎されるべきだ。そもそもノルウェーで女性取締役比率の数値目標が設定されたのも、男女雇用機会均等の精神を尊重し、より公平な社会を目指すためであった。

しかし、女性活用を通じて企業価値を高めたいと考えるのであれば、女性管理職比率に数値目標を掲げ、ただ管理職の数を増加させるだけでは逆効果になってしまうこともある。これは、日本にとって重要な教訓となろう。[*3]

現在、日本において進められている女性活躍においても、単に数値目標を掲げるのではなく、働きかたの柔軟性を高め、性別によらない公平な評価・報酬制度を構築することなどを通じて、女性の管理職が自然と増加するような環境を作ることが重要なのではないだろうか。

＊3　経営学の分野では、女性や外国人といった外見から判別可能な「デモグラフィー型」の人材ダイバーシティと、実際の業務に必要な能力や経験といった「タスク型」の人材ダイバーシティを区別しており、過去の研究をまとめたメタアナリシスによると、企業価値を高めるために重要なのは、後者のタスク型ダイバーシティであることが示唆されている。

第6章

勉強ができる友人と付き合うと学力は上がるのか

「ジャンプ」に注目する「回帰不連続デザイン」

「49人の店舗」と「50人の店舗」の違いを利用する

この章では、**「回帰不連続デザイン」**について説明しよう。再びジュエリーショップの事例を用いる。ジュエリーショップに勤めているあなたが、相変わらず広告の効果について頭を悩ませていたところ、部下がこんな提案をしてきた。従業員数が50人以上の大型店舗に限って、年末にクリスマス商戦向けの広告を出してはどうかと言うのだ。

ここで、あなたは思った。「従業員数が49人の店舗は広告を出さないけれども、50人の店舗は広告を出すということになる。でも、49人の店舗と50人の店舗って、広告を出すか出さないか以外の点において、あまり変わらないだろう」と。そうであれば、従業員49人の店舗と従業員50人の店舗の売上を比較することで、広告の売上に対する因果効果を明らかにすることができないだろうか。実は、「回帰不連続デザイン」を使えばそれができるのである。

図表6-1を見てみよう。従業員数と店舗ごとの売上の関係をグラフ化したものだ。当然、従業員数が多い店舗ほど、売上が多い傾向がある。部下の提案に従えば、従業員数が50人以上の店舗に限ってクリスマス商戦向けの広告を出すことになる。このとき

図表6-1 カットオフ値の前後で「ジャンプ」が起きている
──回帰不連続デザインの例

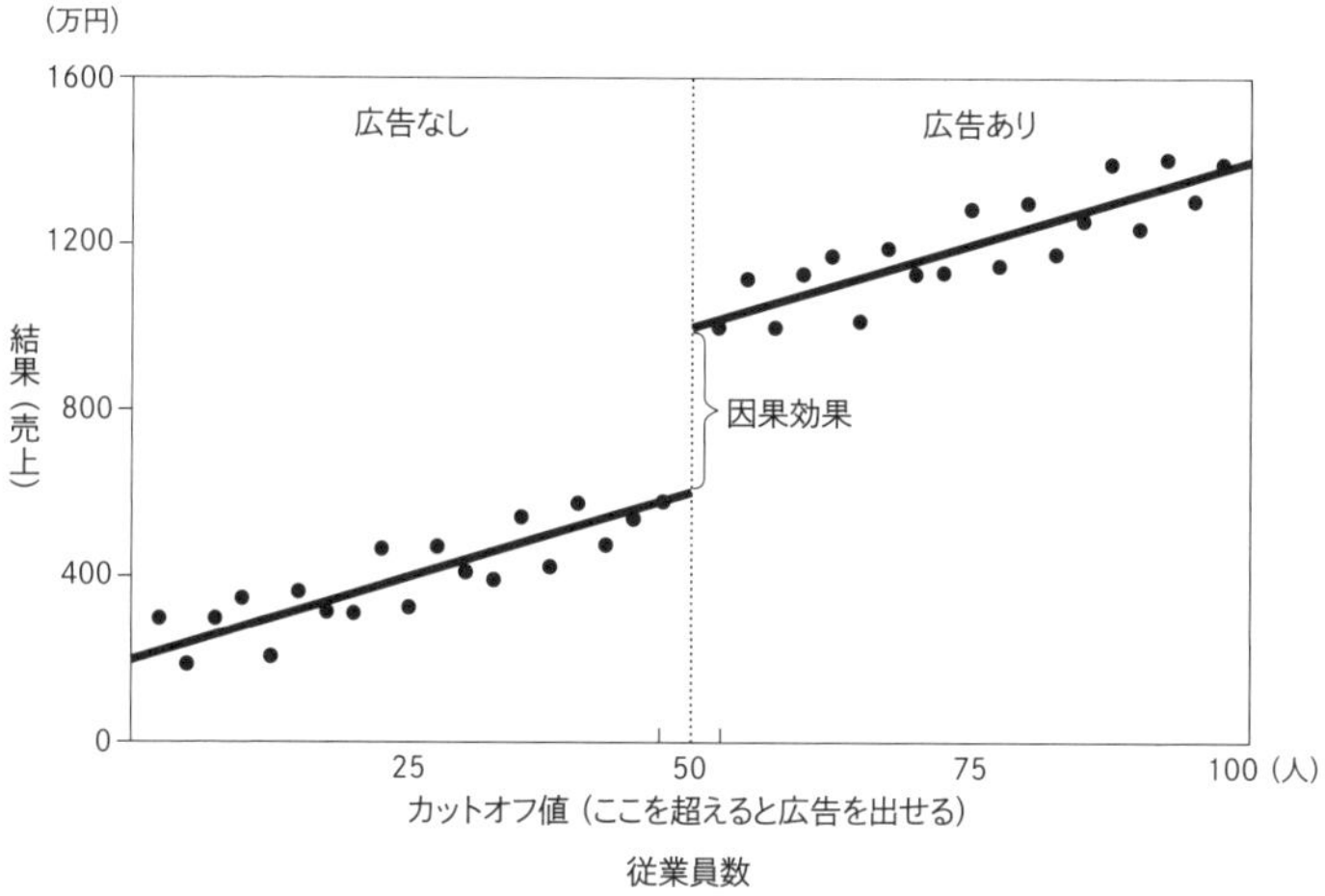

「従業員数50人以上」という条件は特段の理由もなく決まった恣意的な値である(これを「カットオフ値」と呼ぶ)。あなたが想像したとおり、このカットオフ値(従業員数50人)前後の店舗の売上はあまり変わらないはずである。つまり、従業員数が50人そこそこで広告を出せる店舗(介入群)と、従業員数がぎりぎり50人に満たなかったので広告を出せない店舗(対照群)は比較可能だと考えられる。

図表6-1からは、カットオフ値のところで、大きな売上の「ジャンプ」が生じているのがわかる。このカットオフ値で生じる「ジャンプ」

は、広告を出したことによって生じているので、この「ジャンプ」の大きさこそ、広告が売上に与えた因果効果だと言えるのである。

回帰不連続デザインが成立するための前提条件

回帰不連続デザインを用いて因果効果を推定するためには、重要な前提条件が成り立っている必要がある。特に重要なのは、**連続変数のカットオフ値の周辺で、結果に影響を与えるような（不連続に変化する）ほかのイベントが起きていない**ことだ。たとえば、従業員数50人以上の場合、広告を出せるだけでなく、売上に応じたボーナスも支給されるとする。この場合、カットオフ値における「ジャンプ」は、広告の効果なのかボーナスの効果なのかわからなくなってしまう。

「友人の学力」と「自分の学力」のあいだに因果関係はあるか

ここから、回帰不連続デザインを用いた研究を紹介しよう。受験の時期が近づいてくると、わが子には少しでも偏差値の高い学校に滑り込んでほしい、と願う保護者は多いはずだ。偏差値の高い学校には、学力の高い生徒たちが集まっているだろうから、わが子にとっては少々実力不相応な学校でも、学力の高い友人たちとともに学校生活を送れば、わが子の学力も自然と上がっていくだろう、などと考えているのではなかろうか。だからこそ、「生徒の学力が高い」と言われる学校周辺の住宅価格や地価は高くなる傾向にあるのだろう。

経済学では、友人らから受ける影響のことを「ピア効果」と呼ぶ。保護者は、このピア効果が、自分の子どもの学力にプラスの影響があると考えているというわけだ。しかし、これは慎重に検討する必要がある。「学力の高い友人と付き合うから自分の学力が高くなる」（因果関係）のか、「学力が高い子ほど学力の高い友人と付き合っている」（相関関係）だけなのか、どちらだろうか。

この問題に取り組んだのが、マサチューセッツ工科大学のヨシュア・アングリストらである。ボストンとニューヨークには、大学受験を目指す生徒のための特別な公立高校がそれぞれ3校の計6校ある。ただし、この学校には日本のように入試があり、合格しなければ入学を許可されない。いわば「エリート高校」だ。

このエリート高校の入試に落ちてしまった生徒たちは、ほかの公立高校に通うことになる。もちろん、入試で選抜が行われるエリート高校に比べると、ほかの公立高校の生徒の平均的な学力は圧倒的に低くなる。

アングリストらは、入試の合格ラインぎりぎりのところで合格したエリート高校の生徒たち（介入群）と、ぎりぎりで落ちてほかの高校に行くことを余儀なくされた生徒たち（対照群）は比較可能であると考えた。この状況で、合格ラインの点数をカットオフ値として回帰不連続デザインを用いることで、学力の高い友人とともに高校生活を送ることが、生徒の学力に与える因果効果を明らかにしようとしたのである。

学力の高い友人に囲まれても自分の学力は上がらない

アングリストらが示した結果によると、ボストンとニューヨークのすべての学校で、カットオフ値の前後でその後の学力の「ジャンプ」は見られなかった。

「ピア効果」が存在するのかどうかについてはいまだ諸説あるものの、アングリストらと同様に、学力の高い友人と付き合う因果効果に迫った研究では、同様の結論にいたっているものも多い。

たとえば、全米経済研究所（ＮＢＥＲ）のジェフリー・クリングらの研究では、アメリカ政府が実施している「チャンスのあるところへの引っ越し」という大規模なランダム化比較試験に注目した。これは、子どものいる貧困層の家庭を対象に抽選をし、当選すると貧困率の低い地域に引っ越せるクーポンを受け取ることができるという政策のことだ。

当選した家族の子どもたちは、引っ越し先で自分たちよりも学力の高い友人たちと学校生活を送ることになるのだが、抽選に外れてもとの地域で生活していた子どもたちの学力と比較しても、統計的に有意な差がなかったことが報告されている。

残念ながら、多くの保護者の期待を裏切って、**勉強のできる友人に囲まれて高校生活を送っても、自分の子どもの学力にはほとんど影響がない**ということのようだ。自分の実力を棚に上げて、周囲の友人に過剰な期待をしてはならないということなのかもしれない。

「高齢者の医療費の自己負担割合」と「死亡率」のあいだに因果関係はあるか

回帰不連続デザインを用いた研究をもう1つ紹介しよう。第2章で医療費の自己負担割合について論じたことを思い出してほしい。高齢者の自己負担割合を上げることで、医療費を抑制しようという議論がある一方で、自己負担割合が上がることで高齢者は受診を控え、健康状態が悪化するのではないか、という懸念がある。この問いに対して日本のデータを用いて取り組んだのが、カナダのサイモンフレーザー大学の重岡仁である。

重岡は、70歳を超えると医療費の自己負担割合が3割から1割に下がるという日本の制度に着目して、70歳というカットオフ値の前後で健康状態や医療サービスの利用頻度が変わるかどうか検証しようとした[*1]。つまり、70歳0カ月の人（介入群）と69歳11カ月の人（対照群）は比較可能だと考えたのである。

第2章で説明したランド医療保険実験（69頁）では、自己負担割合の増加は健康状態に影響しないことが示されている。しかし、アメリカでは年齢が65歳を超えると自動的に国の公的医療保険（メディケア）に加入してしまうため、ランド医療保険実験には65

歳以上の高齢者が含まれていなかった。重岡の研究は、ランド医療保険実験の中では明らかにすることができなかった高齢者における自己負担割合と健康や死亡率のあいだの因果関係を明らかにしたという点で優れている。

高齢者の医療費の自己負担割合が増えても死亡率は変わらない

重岡の研究によると、高齢者の自己負担割合が低下すると、外来患者数は10・3％増加することが示されている（**図表6-2**）。つまり、70歳というカットオフ値の前後で、外来患者数や入院患者数の「ジャンプ」が観察されたのである。[*2] 特に、ひざの痛みなどの関節痛の患者が急増していた。

では、自己負担割合の低下が健康や死亡率にもたらした影響はどのようなものだったった

＊1　2017年2月現在は70～74歳は2割負担、75歳以上は1割負担になっているが、研究に用いられたデータは1割負担当時のものであった。
＊2　この研究では、医療費の自己負担額が10％増加すると、医療サービスの対する患者の需要がおよそ2％下がることが明らかになった。この需要の変化は前述のランド医療保険実験で認められたものとほぼ同じ水準であった。

図表6-2　自己負担割合が減ると外来受診が増える

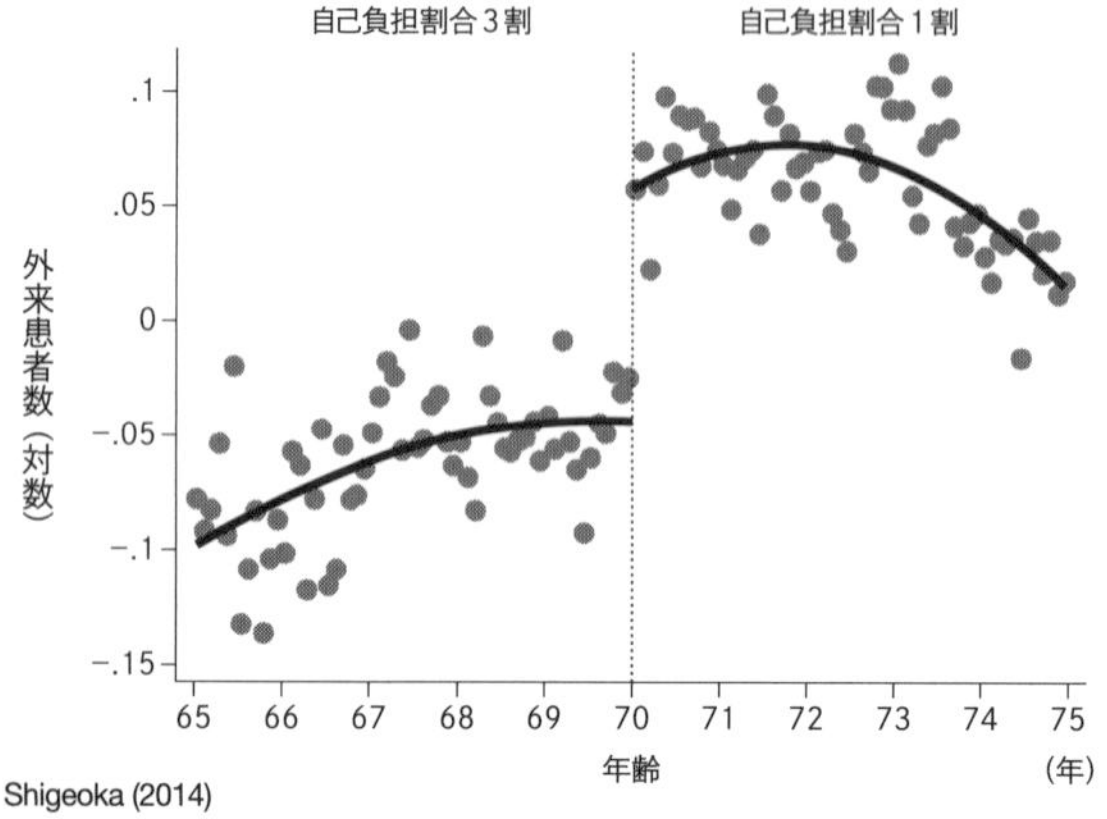

（出典）Shigeoka (2014)

図表6-3　自己負担割合が変わっても死亡率は変わらない

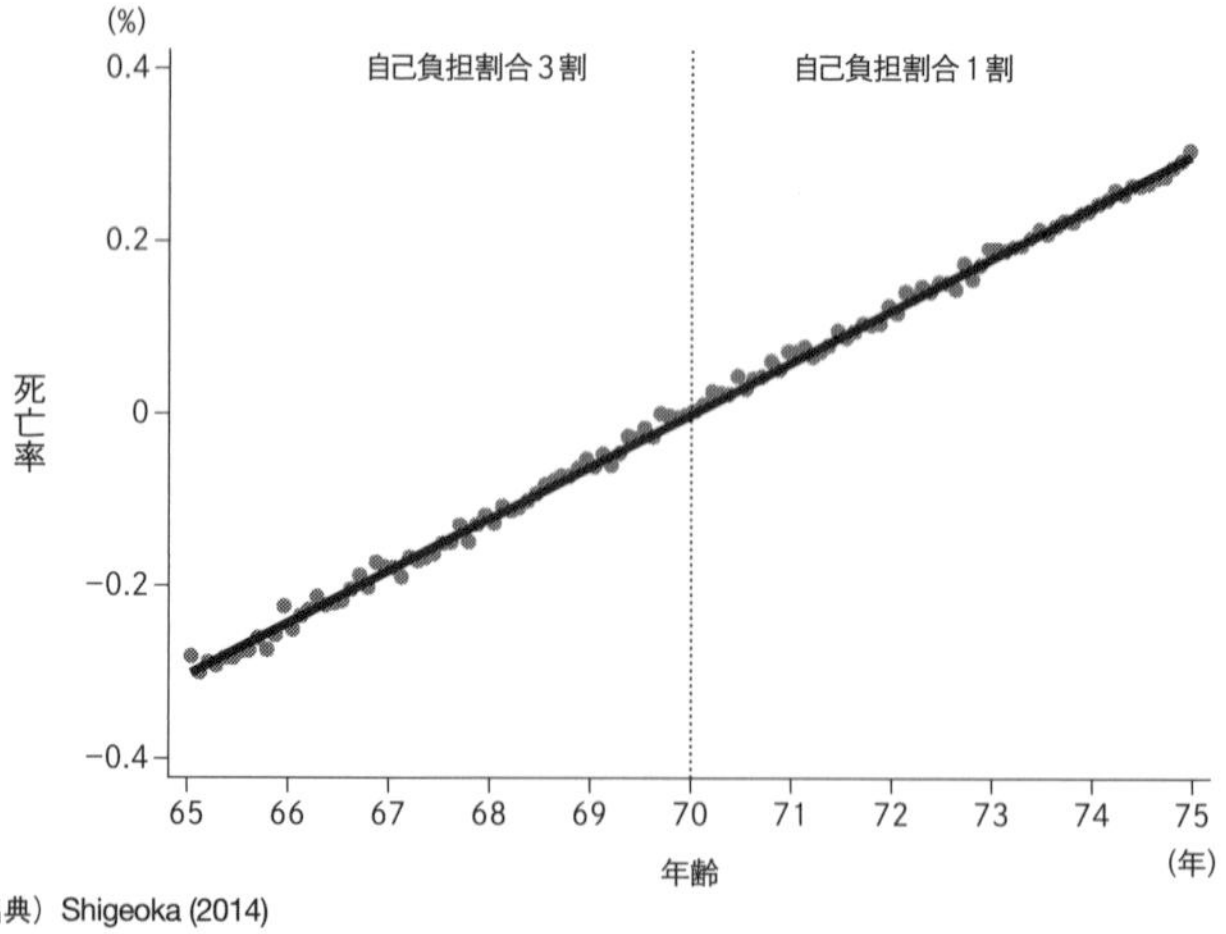

（出典）Shigeoka (2014)

のだろうか。重岡の示した結果は驚くべきものだ。**図表6-3**でも示されているとおり、70歳というカットオフ値の前後で、死亡率の「ジャンプ」は観察されなかった。**自己負担割合が低下し、受診や入院の頻度が高くなっても、死亡率は変わらない**ということになる。死亡率だけでなく、身体的・精神的な健康状態、そして自らの健康状態をよいと答えた人の割合にも「ジャンプ」は観察されなかった。

つまり、**医療費の自己負担割合が引き下げられると、高齢者は病院に行く回数が増えるものの、それによって死亡率や健康状態に影響が出ることはない**ということになる。こうした研究を踏まえ、高齢者の健康を害することなく、医療費の削減を実現するための医療制度改革への期待が高まっている。[*3]

＊3　重岡の研究では短期の死亡率しか評価していないため、長期的に健康にどのような影響があるかはまだわかっていないことには注意が必要である。特にランド医療保険実験で明らかになったように、貧困層に関しては自己負担割合が上がることで健康に悪影響が出る可能性がある。

第6章のキーワード

回帰不連続デザイン

回帰不連続デザインとは、恣意的に決定されたカットオフ値の両サイドで、介入群と対照群が分かれる状況を利用して因果効果を推定する方法である。回帰不連続デザインが成り立つ前提条件は、カットオフ値の周辺で、結果に影響を与えるような（不連続に変化する）ほかのイベントが起きていないことである。

COLUMN 6

「ホルモン補充療法」の罠

ランダム化比較試験のエビデンスレベルが高いことはすでに述べてきたとおりである。ランダム化比較試験が、観察データを用いた研究の結果を180度ひっくり返したことを示したことで有名な「ホルモン補充療法」に関するエピソードを紹介しよう。

男性と比べて女性のほうが心筋梗塞などの動脈硬化によってもたらされる病気のリスクが低いことは古くから知られていた。女性が閉経を迎えると、女性も男性同様に心筋梗塞になる確率が高くなるため、女性ホルモンが動脈硬化を起こしにくくしているのではないかとの仮説があった。

そこで、閉経後の女性に女性ホルモンを補充し、心筋梗塞のリスクを下げようとする「ホルモン補充療法」が行われるようになった。このホルモン補充療法に関する初期の研究（観察データを用いた研究）では、一貫してホルモン補充療法を受けている患者のほうが、心筋梗塞のリスクが低いというデータが示されていた。ホルモン補充療法は、心筋梗塞の予防のみならず、更年期障害に伴う症状を緩和する効果もあったため、健康に関心の高い女性に広く受け入れられるようになっていったのである。

図表6-4　**観察研究と真逆の結果が出たランダム化比較試験**
——ホルモン療法と心筋梗塞の関係

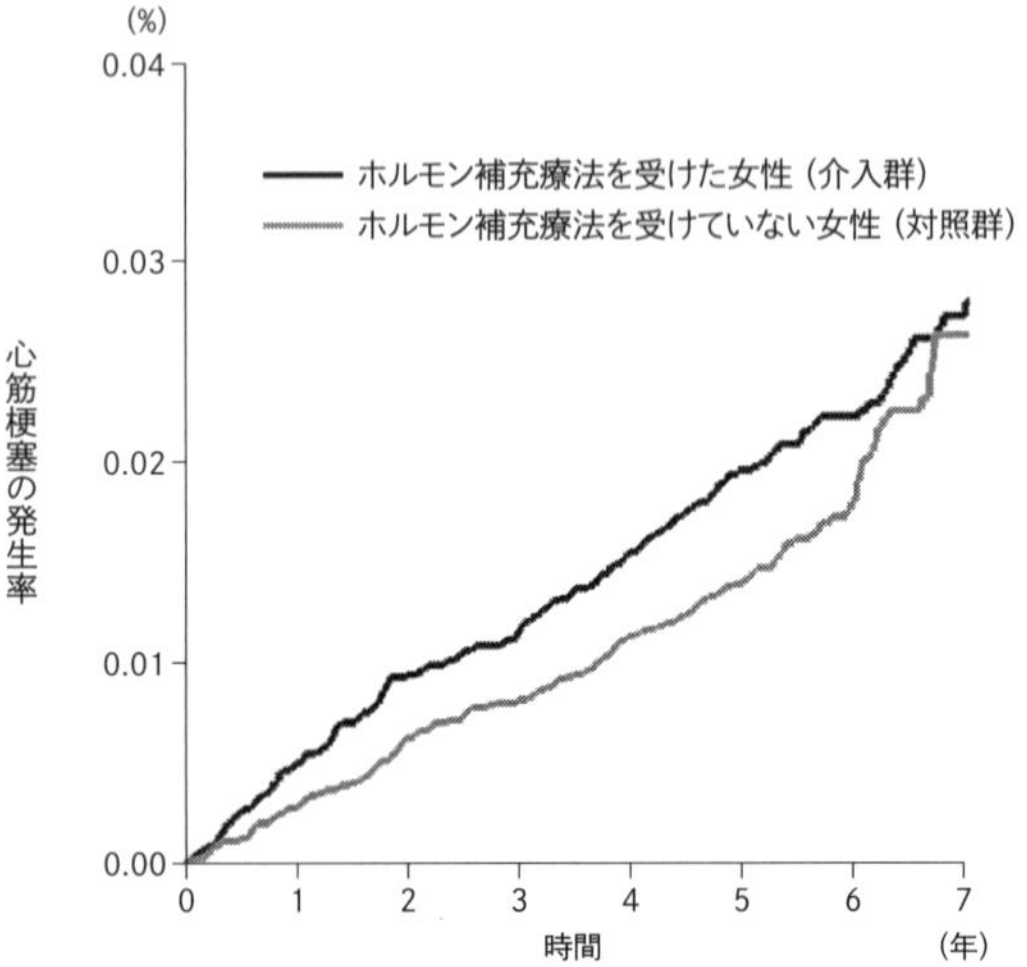

（注）　心筋梗塞の発生率は累積ハザード率という指標を用いて表している。
（出典）Manson JE et al. (2003)

１９９０年代後半に、ホルモン補充療法の効果を改めて確認する目的で、ランダム化比較試験が行われた。閉経した女性をランダムに割り付け、ホルモン補充療法を受けるグループ（介入群）と受けないグループ（対照群）が比較された。

このランダム化比較試験の結果は驚くべきものであった。開始してから５年後の２００２年には、**ホルモン補充療法を受けた女性のほうが、乳がんの発生率が統計的に有意に高い**ということが明らかになったのである。ホルモン補充療法を用いたこの研究は、被験者に健康被害を与えるということで、研究はすぐさま打ち切りとなった。

それでも、心筋梗塞のリスクは下がっているのではないかとの期待は根強かった。しかし、その後の分析によると、**ホルモン補充療法を受けた女性のほうが、逆に心筋梗塞のリスクが高いことが明らかになった**のだ（図表6-4）。

なぜこのようなことが起きてしまったのだろうか。当時、ホルモン補充療法を受けていたのは、教育レベルや所得が高い女性が中心で、彼女らはそもそも健康への関心が高く、日頃の食事や運動などの生活習慣もよかった。そのため、そもそも心筋梗塞のリスクが低かったのである。ランダム化比較試験の前に行われた分析では、このような「健康への関心」といった交絡因子の存在を検討せず、見せかけの相関にすぎないものを、誤って因果関係と解釈していたのではないかと考えられている。この一件において、因果推論におけるランダム比較試験の重要性が再確認されたのである。

第7章

偏差値の高い大学に行けば収入は上がるのか

似た者同士の組み合わせを作る「マッチング法」

似かよった店舗を探しだす

疑似実験の最後の方法として「**マッチング法**」について説明する。ここでもジュエリーショップの例を用いて考えていくことにしよう。あなたは引き続き、広告を出している店舗と出していない店舗が比較可能でないことに悩んでいた。

そのとき、あなたはこんな風に考えた。あなたが勤めているジュエリーショップは、現在100店舗にも上る。このうち、広告を出しているのは30店舗、出していないのが70店舗である。広告を出していない70店舗の中から、広告を出している30店舗とよく似た店舗を30店舗選び出してきて、広告を出している30店舗と比較すればよいのではないかと。これがマッチング法の考えかたである。

マッチング法とは、介入群によく似たペアを対照群の中から選び出すことによって、2つのグループを比較可能にする方法のことである。

第5章で述べたとおり、広告を出すかどうかは店長の裁量によるところが大きく、広告を出している店舗の店長は、総じて勤続年数が長く、年齢が高いことが多いようだ。そのほかの属性には大きな違いはない、としておこう。このため、広告を出している30店舗の店長の平均年齢は50歳であるのに対し、広告を出していない店舗の店長の平均年

図表7-1 似た者同士を探しだす「マッチング法」

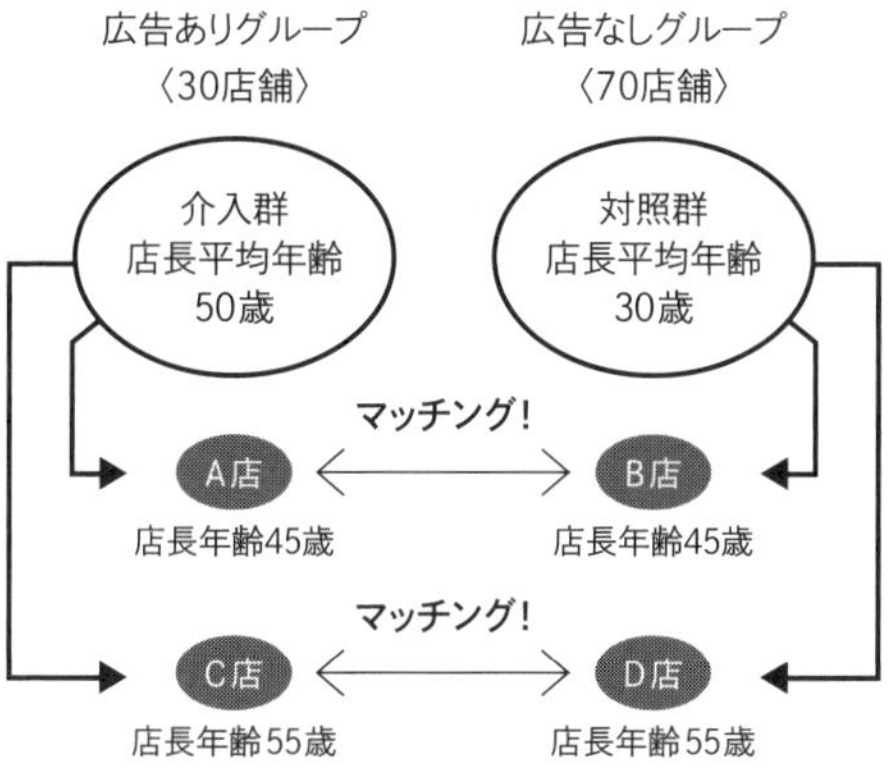

齢は30歳だった。

今、広告を出しているある店舗の店長が45歳だったとしよう。マッチング法では、広告を出していない店舗の中から店長の年齢が同じ45歳の店舗を選び出してきてマッチングする。次に、広告を出している店舗の店長の年齢が55歳だったとすると、同じように広告を出していない店舗の中から店長の年齢が同じ55歳の店舗を選び出してマッチングするのだ。そうしていくと、最後には店長の平均年齢が同じ50歳の介入群と対照群ができあがり、この2つのグループは比較可能になる（**図表7-1**）。このとき、店長の「年齢」に当たる変数のことを「共変量」と呼ぶ。[*1]

複数の共変量をひとまとめにする「プロペンシティ・スコア・マッチング」

しかし、共変量が1つであるとは限らない。店長の年齢が同じ店舗というだけなら、対照群の中からその条件に当てはまる店舗を探してきてマッチングすることはそう大変ではない。しかし、共変量がたくさんあったら、すべてが同じになるような店舗を対照群の中から探してくることなどできないのではないか。

このような場合には、マッチング法の1つである「**プロペンシティ・スコア・マッチング**」という手法を用いる。「プロペンシティ・スコア」とは、複数の共変量をまとめて1つの得点にしたもので、この得点を用いてマッチングを行う。**プロペンシティ・スコアとは「介入群に割り付けられる確率」**のことである。たとえば、さまざまな共変量を考慮した結果、広告を出す確率が50％の店舗であればその店舗のプロペンシティ・スコアは0・5となる。広告を出す確率が30％の店舗があれば、その店舗のプロペンシティ・スコアは0・3となる。

広告を出した店舗（介入群）の中でプロペンシティ・スコアが0・5の店舗があったら、広告を出していない店舗（対照群）の中から同じくプロペンシティ・スコアが0・5の店舗を探し出してきてマッチングする。次にプロペンシティ・スコアが0・3の店舗があったら対照群から同じ値の店舗を選んできてマッチングする。こうして最終的にでき上がった2つのグループを比較すると、プロペンシティ・スコアの計算に用いたすべての共変量において、（平均すると）2グループ間で同じような値をとっているということが知られている。

ここでプロペンシティ・スコア・マッチングの全体像を理解するため、筆者らが作成した架空のデータを用いて、広告が売上に与える因果効果の推定をしてみよう。仮に、売上には、店長の年齢、店舗のある地域の人口、店舗のある地域の平均的な所得が影響していたとしよう（この「店長の年齢」「地域の人口」「地域の平均所得」の3つが共変量である）。

図表7-2を見てみよう。これだけをみると、広告を出していない店舗のほうが、かえって売上は高くなっているように見える。はたして本当にそうなのだろうか。あなた

＊1　読者の中には、共変量と交絡因子がどのように違うのか疑問に思った人もいるだろう。共変量とは、原因と結果でない残りすべての変数のことを指す。たとえば手元にデータがあったときに、原因と結果にあたる変数以外のすべての変数が共変量となる。一方で、交絡因子とはその共変量の中で「原因と結果の両方に影響を与えるもの」のことである。つまり共変量の中には交絡因子であるものも、そうでないものも含まれる。

図表7-2 「共変量」がバラバラでは比較できない

		広告あり（30店舗／介入群）	広告なし（70店舗／対照群）
共変量	店長の年齢	50歳	30歳
	地域の人口	30万人	100万人
	地域の平均所得	450万円	650万円
結果	売上	1,000万円	1,400万円

のジュエリーショップは、広告を出さないほうがよいのだろうか。

しかし、この広告を出している介入群と出していない対照群が比較可能でないことは一目瞭然である。広告を出している店舗で店長の年齢が高いのは、売上が低い地域に経験豊富な店長があえて配置されているのかもしれない。このように、単純に広告を出したかどうかで売上を比較すると、あたかも広告が売上にマイナスの効果があるかのような誤った結論を導き出してしまう可能性がある。

ここでプロペンシティ・スコア・マッチングの出番である。店長の年齢、地域の人口、地域の平均所得という3つの共変量を用いてプロペンシティ・スコアを計算する。次に、介入群と対照群の中から、プロペンシティ・スコアが近い店舗を順次マッチングしていくというわけだ。そうすると、介入群30店

図表7-3 プロペンシティ・スコア・マッチングで「共変量」のバランスが取れる

		広告あり（30店舗／介入群）	広告なし（30店舗／対照群）
共変量	店長の年齢	48歳	47歳
	地域の人口	40万人	41万人
	地域の平均所得	460万円	450万円
結果	売上	1,200万円	1,000万円

200万円の因果効果

舗、対照群30店舗の組み合わせができあがる。

図表7-3をみてみよう。これはプロペンシティ・スコア・マッチングを行った後の介入群と対照群の比較である。このようにマッチングをさせた後、共変量の分布が一致していることが確認できれば（これを経済学者は「共変量のバランスがとれている」と表現する）、２つのグループは比較可能であるといえる。

この状態になって初めて、「さまざまな属性を考えると、広告を出す可能性は同じだが、たまたま一方は広告を出し、もう一方は出さなかった」という比較可能な２つのグループを作り出せたといえる。すなわち、対照群は、「介入群が仮に広告を出さなかったら売上はどうなっていたか」という反事実を表しているということができ、さらには、介入群と対照群の売上の差（1200万円－1000万円）の200万円が広告の因果効果だということができる。

プロペンシティ・スコア・マッチングが成立するための前提条件

プロペンシティ・スコア・マッチングが成立するためには、2つの前提条件がある。1つ目の前提条件は、結果に影響を与えるようなすべての共変量がデータとして測定され、手元にあるということだ。ときに、データとして手元にない共変量というのも存在する。[*2] ジュエリーショップの例でいえば、「周辺住人の冠婚葬祭への関心の高さ」などがあげられるだろう。冠婚葬祭に関心が高ければ、ジュエリーショップでの支出も多くなることが考えられるが、通常、このような変数は測定してデータにすることが難しい。

2つ目の前提条件は、すべての共変量が、プロペンシティ・スコアの計算に用いられているということである。

「大学の偏差値」と「収入」のあいだに因果関係はあるか

ここでマッチングの手法を用いた優れた研究を紹介しよう。プリンストン大学のアラン・クルーガーらによる２本の論文だ。

日本は学歴社会と言われるが、同じ大卒という学歴でも卒業後の人生は一様ではない。一橋大学の神林龍らの研究によると、１９９０年代に大卒と高卒のあいだの賃金格差は拡大していないものの、同じ大卒のあいだで賃金格差は拡大していることが示されている。

では、同じ「大卒」でも偏差値の高い大学へ行けば、将来の収入は高くなるのだろうか。[*3] これもまた、慎重に考える必要がある。「偏差値の高い大学に行ったから収入が

＊2 「データとして手元にない共変量」には、（1）そもそも測定されていない変数や、（2）測定はされているものの何らかの理由で手元にない変数などが含まれる。つまり、データとしてどこかには存在するものの、入手できないため解析に用いることができない共変量のことも含む。

＊3 アメリカには、「偏差値」という概念は存在しないが、代わりに「ＳＡＴ」と呼ばれる大学の進学適性試験が広く浸透している。ＳＡＴは複数回受験できるセンター試験のようなもので、合格難易度が高い大学ほど高得点が求められる。そのため、これらの研究では「偏差値」のアメリカ版として、大学ごとの合格者のＳＡＴ平均点を用いている。

高くなった」（因果関係）のか、「潜在能力が高く収入が高くなるような職業に就く人が、偏差値の高い大学を選択した」（相関関係）だけなのか、どちらだろうか。

クルーガーらは、マッチングの手法を用いてこの問題に答えようとした。まず、アメリカの大学入試選抜は、日本とはやや異なっていることに触れておこう。日本では筆記試験が中心なのに対して、アメリカでは筆記試験の結果以外に、高校の成績や教員からの推薦状、志望理由書などによって総合的に選抜される。

クルーガーらは、それぞれの受験者が「どの大学に合格し、どの大学に不合格だったか」という情報を用いてマッチングを行った。たとえば、A大学・B大学には合格したが、C大学には不合格だったという2人がいたとしよう。この2人は、同じ大学に合格して、同じ大学に不合格だったので、少なくとも大学入試の合否の判定に用いられる情報（高校の成績や教員からの推薦状、志望理由書など）に基づけば、比較可能な2人であると言ってよいだろう。

ここで、2人が合格したA大学とB大学という2つの大学を比べると、A大学のほうが偏差値が高かった。1人はA大学に進学したが、もう1人は地元の大学であり、自分の関心のある分野が学べるB大学に進学したとしよう。この2人を比較すれば、偏差値の高い大学へ行くことが将来の収入に与える因果効果を推定することができるというわけだ。

偏差値の高い大学に行っても収入は上がらない

マッチングの結果を見てみると、驚くべきことに、ある大学に合格して実際に進学した生徒のグループ（介入群）と、同じく合格したがその大学に行かずに偏差値の低い大学に進学した生徒のグループ（対照群）のあいだで、**卒業後の賃金に統計的に有意な差はなかった**ことがわかった。多くの人は、「偏差値の高い大学に行けば収入が上がる」と信じているが、クルーガーらの研究を見る限り、そのような因果関係は認められない。ただしこの結論は、マイノリティであるアフリカ系アメリカ人や、両親が大卒ではない貧困家庭の人々にはあてはまらなかった。クルーガーらは、偏差値の高い大学で築かれる人的なネットワークが、人種的マイノリティや貧困層に有利に働いたのではないかと解釈している。

クルーガーらの研究はマッチング法を用いた研究だったが、プロペンシティ・スコア・マッチングを用いた研究も存在している。シカゴ大学のダン・ブラックらの研究だ。ブラックらはアメリカのデータを用いて、大学の偏差値がその後の収入に与える因果効果の推定を行っている。

ブラックらは、プロペンシティ・スコアを算出するための共変量として、年齢、人種、生まれた場所、学力テストの成績、出身高校の規模、出身高校の教員の質、両親の学歴や職業、子どものころの新聞購読や図書館利用の有無などを用いた。マッチングさせた後で、プロペンシティ・スコア・マッチングの結果をみると、やはりクルーガーらの研究同様、偏差値の高い大学にいったグループ（介入群）と偏差値の低い大学に行ったグループ（対照群）のあいだで、卒業後の賃金に統計的に有意な差はなかったことが明らかになっている。

まさにクルーガーらが述べるように、「偏差値の高い大学に行くということは、すべての学生にとって自身の将来の収入を最大化する選択であるというわけではない」し、「その大学に行けば、誰もが将来の収入を高められるというような唯一無二の大学など存在しない」というわけだ。

さらに、クルーガーらは論文の中で、ミネソタ州ノースフィールドにある名門私立大学カールトン・カレッジの学長を務めたスティーブン・ルイスの言葉を引用している。大学ランキングについて問われた際、ルイスは以下のように答えた。「問題は、どこが最高の大学か、ということではない。問題は、誰にとって最高の大学か、なのだ」。これが、一連の研究の結論でもあろう。

第7章のキーワード

マッチング法

結果に影響を与えるような共変量を用いて、対照群の中から、介入群によく似たサンプルをマッチさせて、比較する方法。複数の共変量がある場合は、その共変量をまとめて1つの得点にしたものを用いてマッチさせることもある（プロペンシティ・スコア・マッチング）。マッチングが成り立つための条件は、結果に影響を与えるような共変量がすべて観察可能であるということである。

COLUMN 7

ビジネス版ランダム化比較試験「A／Bテスト」

ランダム化比較試験はビジネスの世界にも取り入れられつつある。「A／Bテスト」と呼ばれているものがそれだ。

再びジュエリーショップの例に戻ろう。あなたは主力ジュエリーのケースのデザインにAとBという2つの候補があって、どちらがよいか迷っている。ある担当者は絶対Aのほうが自社の雰囲気にあっていると言うし、別の担当者は他社の売れ筋商品のケースはBのようなものであると言う。仮にAのケースを選択したとしても、「もしBだったとしたらどうなっていたのだろう」、という反事実を想像したくなる（逆もまたしかりであろう）。

こういうときはA／Bテストの出番である。全店舗のうちランダムに割り付けられた半分の店舗ではAのケースで販売し、残りの店舗ではBのケースで販売する。しばらく様子を見て売上が高かったほうのケースを全店舗に採用すればよいというわけである。

このA／Bテストが最も頻繁に用いられているのがインターネットのショッピングサイトである。同じ商品でも、アクセスしている場所やユーザーによって異なる画像やバナー、キャッチコピーなどが表示されていることに気づいたことがある人もいるだろう。これはまさにA／Bテストを実施しているところなのである。

南アフリカのクレジット・インデムニティという金融機関が行ったA／Bテストの結果は実に興味深い。この金融機関は、あるとき、顧客である約5万人にダイレクトメールをランダムに送付するというA／Bテストを実施した。このダイレクトメールの中身は、融資の提案についての情報量が多いものと少ないもの、写真つきのものと写真なしのものなどのように、さまざまなパターンに分かれていた。クレジット・インデムニティは、ダイレクトメールの中身によってどの程度融資申し込み数が変わるのかを調べようとしたのである。

その結果、魅力的な女性の写真付きのダイレクトメールは、男性からの申し込みを増やす効果があった。さらに、ダイレクトメールに融資の金額や返済のパターンが1つしか書かれていないものは、4つ書かれているものよりも申し込みが多かった。つまり、意外なことに、**簡素で情報の少ないダイレクトメールほど、顧客を増やす効果があった**ということになる。広告というものは、より直感的で、簡単に理解でき、すぐに返信したくなるようなものが効果的ということかもしれない。

第8章

ありもののデータを分析しやすい「回帰分析」

因果関係の評価に適さないデータしかないときは……

ジュエリーショップに勤めているあなたは自分のデスクでデータを眺めている。半年ほど前に創刊した雑誌があり、試しにその雑誌に広告を出した。その後の売上データが今日届いたからである。上司には、そのデータを解析して、来シーズンもその雑誌に広告を出すべきかどうか検討してほしいと言われている。しかし残念なことに、新しい雑誌なこともあり、どう考えても回帰不連続デザインや差の差分析などの疑似実験は使えなさそうである。

もちろんランダム化比較試験や疑似実験を用いれば、因果効果を正しく評価できる可能性は飛躍的に高まる。しかし実際には、データは単に経済活動の結果を記録したものにすぎないことがほとんどで、分析の目的に沿って収集されたわけではない（いわゆる「ビッグデータ」の多くはそうである）。このような場合、ランダム化比較試験や疑似実験のような手法を利用できないことも多い。

そのようなときに早々に諦め、「このデータでは広告の効果はわかりません」と上司に言える人は少ないだろう。不完全ながらもそれなりに何らかの結論を導き出さなければならないこともある。

ではこのように、もうすでに何らかのデータが手元にあるが、それが因果関係の評価に適していない場合、どうすればよいのだろうか。

こういうときは「**回帰分析**」の出番だ。すでに多くの専門書があるため、詳細はそれらに譲ることとするが、ここでは簡単にエッセンスを説明しよう。

回帰分析には単回帰分析と重回帰分析の2種類がある。単回帰分析とは2つの変数の関係を評価する方法である。しかしこの方法では、交絡因子が存在していた場合、その影響を取り除くことができない。

一方で、重回帰分析では、交絡因子の影響を取り除いたうえで原因と結果の関係を評価することができる。仮にすべての交絡因子のデータが手元にあるならば（極めて稀であるが）、重回帰分析でもきちんと因果関係を証明することができる。

データを表現する「最適な線」を引く

まずは単回帰分析を用いて、回帰分析の基本的なコンセプトを説明しよう。**図表8-1**のように4つのデータがあり、それぞれに原因と結果の組み合わせが与えられているとする。あなたはこの2変数のあいだに因果関係があるかどうかを評価したい。

回帰分析とは、この4つの点のあいだを通る「最適な線」を引く方法のことだ。最適な線を引くことができれば、その線の「傾き」は、原因が1単位増えたときに結果がどれくらい変化をするかを表していることになる。つまり、この最適な線の傾きこそが原因の結果に対する「因果効果」そのものになる。

具体的には以下のような方法で最適な線を引く。まず、おおまかに4つの点の間を通る線を引いてみる。その線から各データポイント（図表8-1中の四角）に垂直に線を引き、線とデータポイントの距離を測る。ここで、1つ目のデータポイントと線との距離を距離1、2つ目のデータポイントと線の距離を距離2、という記号を用いて表現すると、距離1〜4の4つの線と点との距離がわかる。そして、この4つの距離の合計が最も小さくなるように引いた線が「最適な線」である。

実際に手作業で最適な線を引くことはなく、統計解析ソフトがあなたの代わりに最適な線を探し当ててくれる。

図表8-1 「最適な線」のイメージ

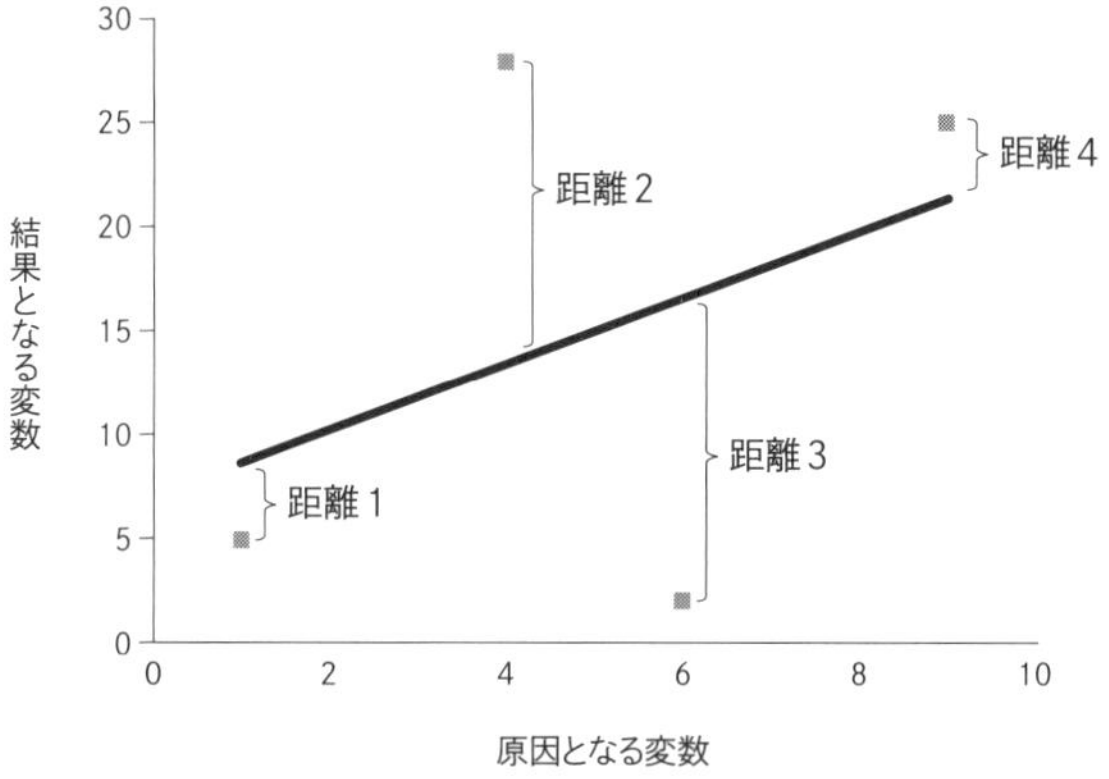

交絡因子の影響を取り除いてくれる「重回帰分析」

単回帰分析で、最適な線の傾きを因果効果と言うためには、「交絡因子が存在していない」という前提条件が満たされなければならない。しかし現実にはそれが満たされることは少ない。重回帰分析なら交絡因子の影響を取り除くことが可能である。交絡因子の値が動かないように固定された状態にして、原因と結果の関係を表す「最適な線」を引き、その傾きを因果効果と評価することができる。*1

*1 「固定された状態にする」ことを「一定にする」「補正する」「制御する」「コントロールする」ともいう。

図表8-2　「飲酒」と「肺がん」のあいだには交絡因子がある？

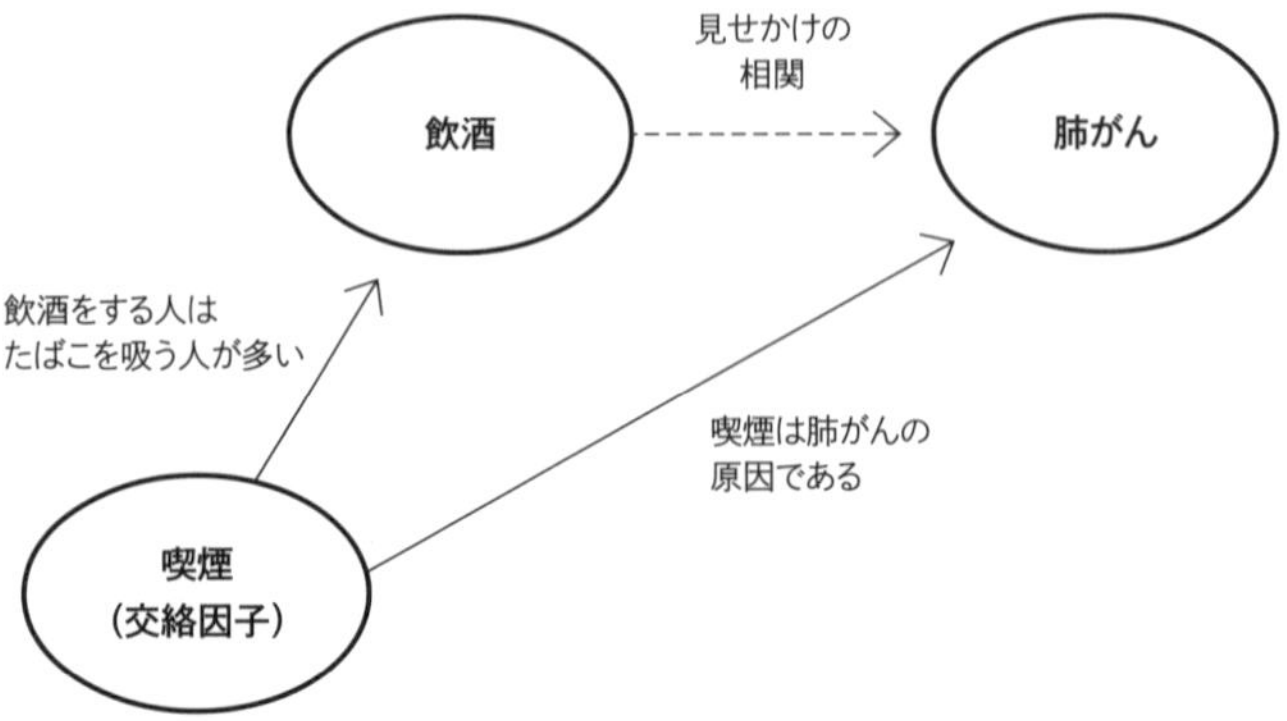

ここからは、飲酒と肺がんの関係の例を用いて説明しよう。今、私たちは飲酒と肺がんのあいだに因果関係があるのではないかと疑っているとしよう。飲酒量が多い人ほど肺がんのリスクが高いことが知られているからだ。ここで1つ注意しなければならないことがある。それは「喫煙」という交絡因子の存在である。飲酒をする人はたばこを吸う人が多いし、喫煙は肺がんの原因でもある（**図表8-2**）。

ここで、重回帰分析をして、飲酒と肺がんのあいだに因果関係があるかどうかを明らかにしようとする場合は、喫煙量が同じ人の中で飲酒量が多い人と少ない人を比較し、肺がんのリスクが異なるかどうかを調べる必要がある。これが「喫煙量が固定された状態」であり、重回帰分析を用いれば、これが実現できる。固定された喫煙量は1日0本（たばこを吸わない人）でも良いし、1日5本でも構わない。そうすれば交絡因子である喫煙量の影響を取り除いたうえで飲酒と肺がんの関係を評価することが可能となる。[*2]

具体的に重回帰分析をどのようにして行うかに関しては専門書に譲るが、一般的な統計解析ソフトを使えば誰でも簡単に重回帰分析を行うことができる。会議で、広告に効果があったかどうかを問われて、単純に昨年と比較し、広告と売上の相関関係をあたかも因果関係のように発言すると、ほかの人に交絡因子の存在を指摘されて恥をかくこともある。

しかし、あらかじめ交絡因子のデータを集めておき、それらの影響を取り除いたうえで、原因と結果の関係について評価していることを示すことができれば、上司やクライアントのあなたの数字に対する信頼度がぐっと上がるのは間違いない。

＊2　飲酒と肺がんは中等量までであれば関係がないものの、大量飲酒している人たちに限っては関係がある可能性があることが過去の研究より示唆されている。日本人のデータを用いた研究もあり、喫煙者に限って言うと、飲酒と肺がんに因果関係があると報告する論文もあるが、総じて見ればまだ結論が出ていない。

COLUMN 8

因果推論はどのように発展してきたか

経済学・統計学における因果推論

実は、経済学における因果推論の歴史はそう長くない。1940年代にはノルウェーのオスロ大学の経済学者トリグヴェ・ホーヴェルモが自身の論文の中で反事実の概念をほのめかす表現を用いているものの、正確に定義されたとはとうてい言えないものだった。

それが1990年代に入ると、大きな変化が起こる。当時、ハーバード大学経済学部に所属していた著名な計量経済学者であるグイド・インベンスや、マサチューセッツ工科大学の労働経済学者であるヨシュア・アングリストが、ドナルド・ルービン（40頁）と協働するようになり、「ルービンの因果推論モデル」を経済学に取り入れたのである。*3

ハーバード大学とマサチューセッツ工科大学はともにアメリカのマサチューセッツ州ケンブリッジ市にあり、地理的な近接性が彼らのコラボレーションを生むことに一役買った。ルービンとインベンスが共著し、2015年に刊行されたにもかかわらず、早くも「因果推論」の最も代表的な教科書だと名高い“*Causal Inference for Statistics, Social, and Biomedical Sciences: An Introduction*”は、彼らが長年ハーバード大学の経済学部で実施してきた授業の講義をもとに書かれたものだ。

経済学における因果推論の歴史があまり長くないのには理由がある。疫学や生物統計学では「臨床試験」や「治験」と呼ばれる実験が可能だ。しかし、経済学をはじめとする社会科学分野では、実験は極めて難しい。人間を対象にした実験をするには、資金や倫理的な面に加え、政治的に困難が伴うことも多い。このことが経済学から因果推論を遠ざけていたと見られている。

ところが、2000年代になると、経済学にはさらに新しい動きが起こった。実験経

＊3　ルービンの因果モデルでは、すべての人には2つの「潜在的な結果」があるとされた。つまり、介入があるときの潜在的な結果と、介入がないときの潜在的な結果の2つである。しかし、どの人もそのいずれか片方しか観察できない。実際に介入を受けた人は、介入を受けなかった場合の潜在的な結果は観察できない。一方で、実際には介入を受けなかった人は、介入を受けたシナリオにおける潜在的な結果が観察できない。つまり、すべての人がいずれか片方の潜在的な結果しか観察できないということが、因果推論の根本的な問題であるとルービンは考えた。

済学者であるシカゴ大学のジョン・リストや、開発経済学の専門家集団であるマサチューセッツ工科大学の貧困アクションラボ（J－PAL）の研究者グループが、さまざまな壁を乗り越えて、大規模な社会実験を実施し始めたのである。

貧困アクションラボは「ランダム化比較試験の専門機関」とも言うべきもので、ランダム化比較試験を用いた研究ばかりしているという徹底ぶりだ。彼らは「政治的流行に左右されやすい政策を、エビデンスに基づくものにする」という目標を掲げ、ランダム化比較試験を「政策評価の理想形」と呼ばれるまでにその地位を押し上げることに成功した。

経済学では、因果推論に基づいて政策の効果測定を行う研究領域のことを「政策評価」と呼んでおり、近年その体系化が急速に進展している。

疫学における因果推論

経済学・統計学とは別の流れで発展してきた因果推論の考えかたもある。その1つが疫学における因果推論である。個人を対象にして病気の原因や治療法を研究するのが「医学」研究だとすると、「疫学」とは集団を対象として病気の原因や予防などを研究する学問のことである。医師や看護師など医学系のバックグラウンドがある方にとっては

図表8-3 交絡因子の影響は取り除く必要がある

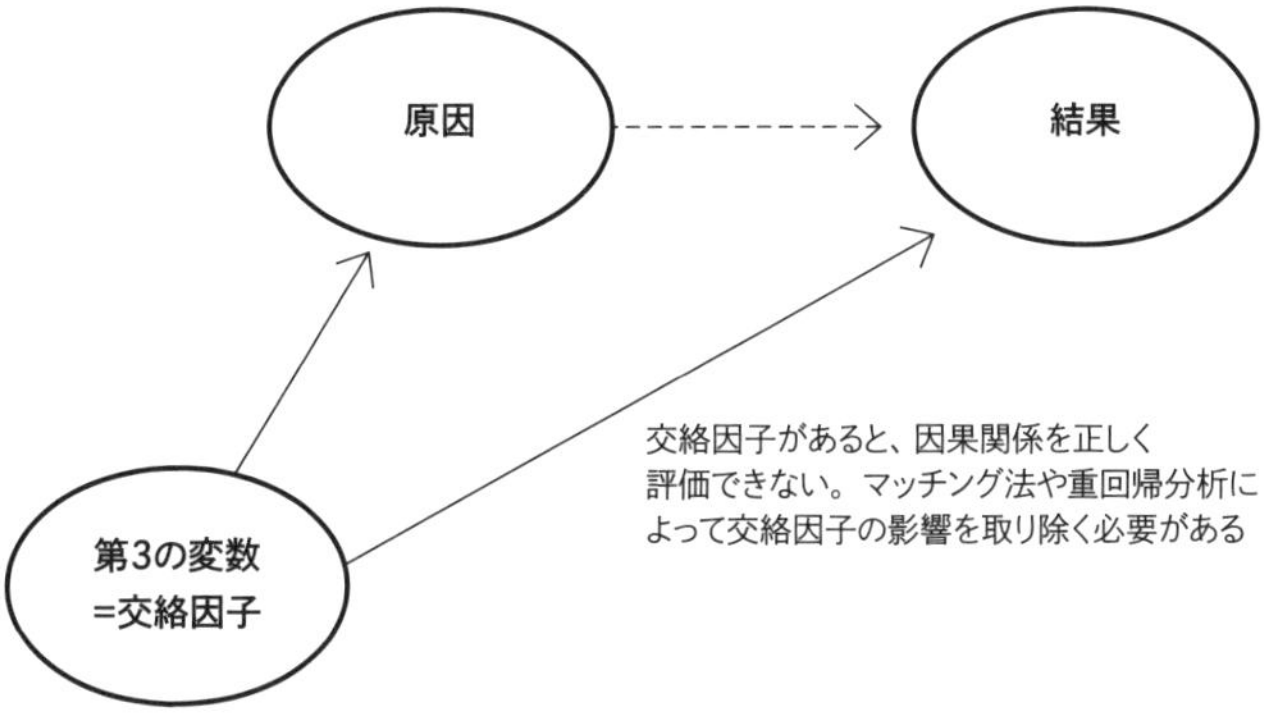
原因
結果
第3の変数
=交絡因子
交絡因子があると、因果関係を正しく
評価できない。マッチング法や重回帰分析に
よって交絡因子の影響を取り除く必要がある

図表8-4 中間変数の影響は取り除いてはいけない

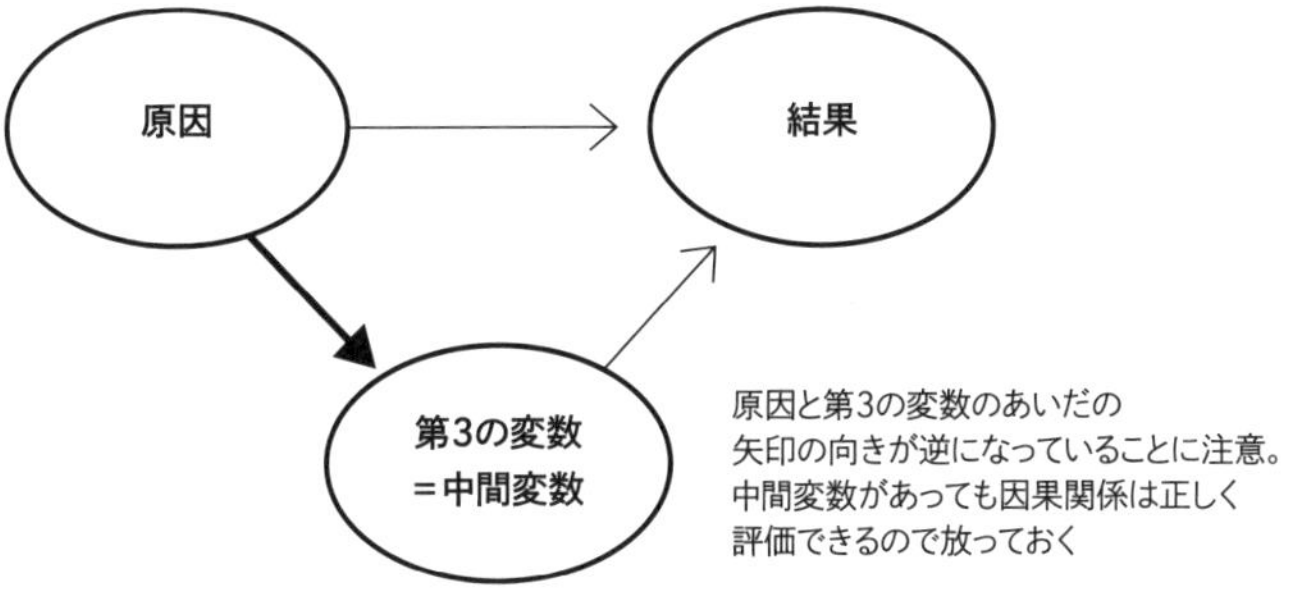
原因
結果
第3の変数
=中間変数
原因と第3の変数のあいだの
矢印の向きが逆になっていることに注意。
中間変数があっても因果関係は正しく
評価できるので放っておく

この疫学における因果推論のほうが馴染みがあるかもしれない。

１９９０年代半ばにイスラエル系アメリカ人の計算科学者であるジューディア・パールが因果ダイアグラム（ＤＡＧ《ダグ》）と呼ばれる図を用いて因果関係を明らかにする方法を開発した。その後、因果ダイアグラムは、ハーバード大学のジェイムス・ロビンスやミゲル・ハーナン、ＵＣＬＡのサンダー・グリーンランドらによって、医学や疫学の世界に広められた。その結果、医学部や公衆衛生大学院でこの方法論が受け入れられ、教育されるようになった。

因果ダイアグラムの最大の特徴は、矢印を用いた図で因果関係を表現することである。実は本書でしばしば登場している、矢印を用いて因果関係や相関関係を表した図も因果ダイアグラムであると考えることができる。

因果ダイアグラムを用いて、（交絡因子と似て非なる）中間変数という言葉のコンセプトを説明する。交絡因子（32頁）は「原因と結果の両方に影響を与える第3の変数」であるため、原因と結果の両方に矢印を引くことができた場合、この第3の変数は交絡因子であると考えられる（**図表8-3**）。そして、交絡因子であることがわかれば、マッチング法や重回帰分析を用いて交絡因子の影響を取り除かないと、因果関係を正しく評価することはできない。

一方で、矢印の向きが逆で、原因から第3の変数に矢印が引ける場合には、この第3の変数は交絡因子ではないことがわかる（因果関係の経路の中間にあるため「中間変数」と呼ばれる。**図表8-4**）。中間変数に重回帰分析などを用いて対処してしまうと、原因の本来の影響を過小評価してしまうことが知られている。

補論① 分析の「妥当性」と「限界」を知る

内的妥当性と外的妥当性

ここまでで因果推論を行うためのさまざまな方法を学んできたが、この補論では、それぞれの方法の「妥当性」と「限界」についても述べておこう。まずは、分析の結果の妥当性を評価するための2つの概念について説明する。それは、「**内的妥当性**」と「**外的妥当性**」である。

内的妥当性とは、2つの変数のあいだに因果関係があることの確からしさを意味する。研究の対象となった集団に再度同じ介入を行った場合、同じ結果が再現される程度のことだ。一方、外的妥当性とは、研究の対象とは異なる集団に、その介入を行った場合、同じ結果が再現される程度のことを意味する。

次のような架空の例を考えてみよう。アメリカで実施されたランダム化比較試験によって、血圧を下げると心筋梗塞になるリスクが低下し、死亡率が下がるという因果関係が証明されたとしよう。ランダム化比較試験はエビデンスレベルの高い手法なので内的妥当性は高いと考えることができる。しかし、このランダム化比較試験がアメリカ人を対象にしていた場合、この結果が日本人にも当てはまるかという外的妥当性については慎重に考える必要がある。

一般に、日本人は心筋梗塞よりも脳梗塞になりやすく、アメリカ人は脳梗塞よりも心筋梗塞になりやすいことが知られている。このため、日本人でも血圧を下げると心筋梗塞のリスクが低下するかどうかは、日本人のデータを用いて検証しなければならない。日本人を対象に同様の研究を実施し、やはり血圧を下げれば心筋梗塞のリスクが低下するということが確認されて初めて、「外的妥当性がある」と言えるのである。

ランダム化比較試験にも限界はある

ここまで見てきたように、本書で紹介してきたさまざまな手法は、学術的に確立した手法ではあるものの、いずれも完璧なわけではない。だからこそ、それぞれの手法にどのような限界があるかを知り、得られた結果が十分に妥当かを検討して初めて、「2つの変数のあいだに因果関係があるか」という問いに正しく答えることができる。

本書では自然実験や疑似実験を用いることで、観察データからでも因果関係を明らかにする方法を説明してきたものの、因果関係を明らかにするという点においては、ランダム化比較試験のほうが観察データを用いた研究よりも優れた方法であることには疑いの余地はない。しかし、ランダム化比較試験にもいくつかの限界があるということも知っておくべきだろう。

第一に、ランダム化比較試験を実施するにはかなりの費用がかかる。「ランド医療保険実験」に3億ドルもの費用が投じられたことはすでに述べたが、このような高額な社会実験は誰にでも可能なわけではない。

第二に、「外的妥当性」の問題がある。ランダム化比較試験では研究対象者が厳選されていることが多いので、そのほかの集団でも同じ結果が得られるかはわからない。

第三に、倫理的な問題から実施できないようなケースも多い。たとえば、喫煙と肺がんの因果関係を知りたいからといって、被験者に強制的にたばこを吸わせたりすることはできない。

第四に、実験計画どおりに「ランダムに割り付ける」ことができず、「ランダム化の失敗」が起こることもある。割り付けるときだけではなく、実験の最中に対象となった人々が対照群から介入群へ移動してしまうことによって生じる偏りもある。

第五に、ランダム化比較試験で得られた効果（Efficacy）よりも、実際に社会全体で拡張して導入したときの効果（Effectiveness）のほうが小さくなってしまうという問題だ（これは前述の外的妥当性とかなり近いコンセプトであるが、こちらのほうがイメージがわきやすいと思うのであえて別々に説明する）。たとえば、薬の効果を確かめる治験では、対象者は非常に厳密に選ばれる。高齢者や複数の病気にかかっている人は、被験者からは除外されることが多い。しかし、治験によって薬の効果が証明されると、高齢者や複数の病気にかかっている人も薬を使うようになるので、実際の薬の効果は治験で証明されたものと変わってきてしまうというわけだ。

つまり、ランダム化比較試験が絶対的に正しいわけではなく、ランダム化比較試験にも限界はある。ランダム化比較試験のエビデンスレベルが高いのは、第1章でも説明した、因果関係が存在するかを確認するための3つのチェックポイント、（1）まったくの偶然ではない、（2）交絡因子が存在していない、（3）逆の因果関係が存在していない、を満たす確実な方法だというだけのことである。逆にいえば、観察データを用いた研究でも、この3つが満たされているかどうかを注意深く検討し、そのことを証明できれば、強いエビデンスとなり得るのだ。

補論② 因果推論の5ステップ

本書で学んできたことを系統立てて復習するため、因果推論を5つのステップで表した（図表5）。引き続き広告と売上の例を用いることにしよう。

図表5 因果関係を読み解く5ステップ

1 「原因」は何か
2 「結果」は何か
3 3つのチェックポイント（27頁）を確認しよう
4 反事実を作り出そう
5 比較可能になるよう調整しよう

ステップ1 「原因」は何か

原因と結果の「原因」である。広告と売上のケースであれば、「広告」にあたる。広告と言っても、広告料なのか、掲載面積なのか、もしくは単に出したかどうかなのか。原因は明確に定義しよう。

ステップ2 「結果」は何か

原因と結果の「結果」である。広告と売上のケースであれば「売上」にあたる。調べたいのは売上高なのか営業利益なのか。結果も曖昧に定義してはならない。

ステップ3　3つのチェックポイントを確認しよう

27頁で因果関係を確認するための3つのチェックポイント、**（1）まったくの偶然ではないか、（2）交絡因子が存在しないか、（3）逆の因果関係は存在しないか**、ということを疑ってかかる必要があるということはすでに述べた。

広告と売上のケースであれば、（2）の広告にも売上にも両方に影響していそうな交絡因子が存在していないか、ということはしっかり検討する必要がある。

たとえば「景気がよい」などという交絡因子が存在している可能性はありそうだ。景気がよければ広告を出そうということになりやすいし、同時に売上も上向きやすい。もしも「景気がよい」という交絡因子が存在していれば、広告と売上の関係は、見せかけの相関にすぎないということになる。

ステップ4　反事実を作り出そう

広告と売上のあいだに因果関係があるかどうかを確認するためには、あなたの企業が広告を出したときの売上と、仮に広告を出さなかったときの売上を比較する必要がある。この「仮に広告を出さなかったとき」が、まさに「反事実」である。たとえば、景気がよければ「広告を出さなかったとしても売上は上がっていた」と想像できるので、広告が売上に与える効果は、私たちが思っているよりも小さいのかもしれない。

ところが、「仮に広告を出さなかったとき」という反事実における売上は（タイムマシンでもない限りは）知ることができない。しかし、広告と売上の因果関係を知るためにはどうしても反事実が必要なので、**「もっともらしいデータ」で置き換える**必要がある。たとえば、同時期に広告を出さなかった競合他社の売上データを使うことができないか、などの可能性を模索しよう。

ステップ5　比較可能になるよう調整しよう

反事実をもっともらしいデータで置き換える有力な方法は、「比較可能」なグループになるように調整する、ということである。たとえば、同時期に広告を出さなかった競合他社が、あなたの企業と「比較可能」だとする。そのときの競合他社の売上は、「あなたの企業がもし仮に広告を出さなかったとき（反事実）の売上」のもっともらしいデータとして置き換えることができる。

おわりに

2016年1月8日の『ウォール・ストリート・ジャーナル』が、「ビッグデータに潜むバイアス、米規制当局が警告」なる記事を掲載している。米連邦取引委員会が、ビッグデータを分析し、ビジネスに用いる企業に対して、ある警告を発したというのだ。その内容が「相関関係があるということは、因果関係があることを意味しない」というものであった。

この意味は、本書をお読み頂いた読者の皆さんには十分ご理解頂けたものと思う。米連邦取引委員会は、企業が経済状況や返済履歴にほとんど関係のない変数を用いた信用リスクの回帰分析によって、特定の個人の信用リスクが高いかどうかの予測を行い、それを判断の根拠として取引をするかどうかを決めている事例を紹介している。これは本書で紹介した「まったくの偶然」による見せかけの相関（28頁）の可能性があるにもかかわらず、こうした分析に基づいて、人々のチャンスを奪ってしまうかもしれないことに米連邦取引委員会は警鐘を鳴らしたのだ。

「ビッグデータ」が流行語となる現代、データを用いた分析は氾濫している。しかし、データはそれのみでは単なる数字の羅列にすぎない。データを用いた分析を「どう解釈するか」ということが極めて大切だ。相関関係を示しているにすぎないデータ分析を、因果関係があると誤認してしまうことは誤った判断のもとになる。

この意味では、「その関係は本当に因果関係なのか」を明らかにするための必須教養とも言うべき「因果推論」が、私たちのような研究者の専売特許であった時代はすでに過ぎ去ったように思われる。

海外では、因果推論に基づく研究成果が人々の生活を確実に変えつつある。メキシコの第54代大統領のエルネスト・セディージョは「プログレッサ計画」と呼ばれる貧困対策を実施し、それと同時に、大規模なランダム化比較試験によって、プログレッサ計画の厳密な効果測定を行った。

その意図は何か。セディージョ大統領は、6年に1度の選挙で大統領が代わるたびに大きく方向性が変わる貧困対策を、その時々の大統領や政党のイデオロギーではなく、因果関係を示唆するエビデンスに基づくものにしようとしたのである。「プログレッサ計画に貧困を削減する効果がある」ことがランダム化比較試験によってはっきりと示されれば、たとえ大統領や政党が代わっても、納税者である国民の支持を得て、プログレッサ計画は続いていくだろう（そして実際にセディージョ大統領退任後も「プログレッサ計画」は続いている）。

アメリカにも、エビデンスに基づく政策を牽引する集団がある。エスター・デュフロら気鋭の経済学者を集めたマサチューセッツ工科大学の貧困アクションラボは「政治的流行に左右されやすい政策を、エビデンスに基づくものにする」ことを標榜して設立されたランダム化比較試験専門の研究所だ。一連の研究から得られた知見は、通説や人々の思い込みが強く支配していた教育や医療に関する政策決定プロセスを大きく変えようとしている。

著者の1人である津川にはこんな経験がある。2014年10月にハーバード大学で開催されたオバマケアに関するシンポジウムに参加したときのことだ。聴衆の1人であったジャーナリストが「私の知り合いで、オバマケアで保険料が上がって困っていると言っている人が何人もいる。オバマケアはアメリカの医療制度を改悪しているのではないか」というコメントをした。そのときマサチューセッツ工科大学の医療経済学者であり、オバマケアの設計にも携わっているジョナサン・グルーバーは次のように答えた。「個人の経験談の寄せ集めはデータではなく、エビデンスでもありません。われわれはきちんとデータを集めており、オバマケアの効果を検証しています。その結果、平均的には、アメリカ国民の保険料はオバマケアによって安くなっていることがわかっています。人によっては残念ながら保険料が上がって損しているかもしれませんが、そういった個々の話に惑わされずに、データを用いて全体像を見るようにしてください」。

命に関わる問題だからこそ、医療費をめぐる議論は、個人の経験に基づく感情的なものになりやすい。グルーバーはそれを感情論ではなく、データやエビデンスを根拠として議論することの重要性を説いたのである。

わが国を振り返ってどうか。本書でもたびたび、永田町・霞が関で行われている政策的な議論を取り上げたが、残念なことに、現在の政策的な議論が因果関係を示唆するエビデンスに基づいて行われたものとはとうてい言いがたい。それどころか、選挙が近づくと、短期的に得票に結びつくような政策ばかりが議論され、これまで公約とされてきたことが覆ったり、突如として何の根拠もない政策が強引に推し進められたりして、結果として納税者である国民の利益が著しく損なわれているのを目にすることも多い。まさに、次の世代よりも、次の選挙が重んじられた結果だ。

このような有様を見るたびに、「選挙や政局といった一時的なポリティカルショーに左右されるのではなく、長期的な視点に立って、国民の社会厚生（＝幸福）を最大化することができないものか」と思う。そのためには、貧困アクションラボが掲げるように、「政治的流行に左右されやすい政策を、エビデンスに基づくものにする」ことが重要なのではないか。そして、それを実現するためには、納税者である私たち国民一人一人も「どの政策に因果効果があるのか」という目線で、厳しく政策をチェックすることが不可欠だろう。

最後に、本書の刊行にあたりご協力を頂いた多くの皆様に感謝の辞を述べることをお許し頂きたい。

実は、本書の執筆の構想を練り始めてから、早2年の歳月が過ぎている。学者が書いた本のあとがきには、「本書の着想を得てから四半世紀が過ぎた」とか「今は亡き編集者の○○さんに捧げる」などのように悠久の時の流れを感じさせるものも少なくないが、本書も例外なく同じ道を辿りそうになりながらも、編集者の叱咤激励に支えられ、何とか校了することができた。本書の編集者であったダイヤモンド社の上村晃大氏に対する感謝の言葉は尽きない。

また、統計学者で、因果推論の専門家でもある星野崇宏慶應義塾大学教授には本書の草稿段階から丁寧にチェックしていただき、さまざまなコメントを頂戴した。朝井友紀子東京大学助教、神林龍一橋大学教授、山口慎太郎マクマスター大学准教授、重岡仁サイモンフレーザー大学助教授（掲載章の順）は、本書の中で紹介した研究を引用し紹介することを快く許可してくださった。ここに記して感謝したい。

　本書で紹介した筆者らの研究は、経済産業研究所（ＲＩＥＴＩ）のプロジェクトである「医療・教育の質の計測とその決定要因に関する分析」（研究代表者：乾友彦学習院大学教授）、「労働市場制度改革」（研究代表者：鶴光太郎慶應義塾大学教授）の一部として行われた。矢野誠経済産業研究所所長、森川正之同副所長を始め、同研究所からは多くの支援を受けたことに改めて感謝したい。また、科学研究費補助金基盤Ｓ「社会的障害の経済理論・実証研究」（研究代表者：松井彰彦東京大学教授）、基盤Ｂ「幼少期における社会・生活環境、学習方法が人的資本の蓄積に与える影響の分析」（研究代表者：廣松毅情報セキュリティ大学院大学教授）、基盤Ａ「貧困と災害の教育経済学：社会的不利や困難に打ち勝つ子どもをどう育てるか」（研究代表者：中室牧子）からの支援も受けた。

　本書の草稿にコメントをくださった慶應義塾大学総合政策学部・政策メディア研究科の中室研究室の植村理さん、川崎美波さん、坂本彩乃さん、中川舞音さん、中田知宏さん、中村真優子さん、鍋澤歩さん、山越梨沙子さん、吉屋麻里さん、本当にありがとう。

「研究」というのはちょっと変わった仕事である。どれだけ論文を書こうとも、学会で発表しようとも、決して私たちの懐が温かくなることはない。しかし、研究から生み出された知見は、知的公共財としてよりよい世の中を作り出すことに貢献している。この研究なる仕事に理解を示し、惜しみない支援をしてくれる私たちの家族に感謝する。特に、本書の草稿に何度も目を通しコメントをくれた代田豊一郎、津川衣林梨には心からの感謝を伝えたい。最後に、多くの方の協力を得て完成した本書ではあるが、本文中の誤りの一切は筆者らの責によるものであることをお断りしておく。

すでに海外では定着している「エビデンスに基づく政策」だが、教育や医療といった分野では、特に通説と思い込みによる支配が強く、これを定着させていくことは簡単ではない。おそらく私たちが研究者人生をかけて、訴え続けていかなければならないことなのだろう。

経済学がこだわる「因果関係」を示唆するエビデンス。それを生み出すために体系化された「因果推論」。それらが、データ氾濫時代を生きる読者の皆さんの助けとなったならば、著者として望外の喜びである。

２０１７年2月
中室牧子
津川友介

ま行

や行

ら行

た行

な行

は行

さ行

索引

Meta-Analysis and Sensitivity Analysis of the Relation between Alcohol Consumption and Lung Cancer Risk, *American Journal of Epidemiology*, 155 (6), 496-506.

Freudenheim, J. L., Ritz, J., Smith-Warner, S. A., Albanes, D., Bandera, E. V., van den Brandt, P. A., Colditz, G., Feskanich, D., Goldbohm, R. A., Harnack, L., Miller, A. B., Rimm, E., Rohan, T. E., Sellers, T. A., Virtamo, J., Willett, W. C. and Hunter, D. J. (2005) Alcohol Consumption and Risk of Lung Cancer: A Pooled Analysis of Cohort Studies, *The American Journal of Clinical Nutrition*, 82 (3) 657-667.

Bagnardi, V., Rota, M., Botteri, E., Tramacere, I., Islami, F., Fedirko, V., Scotti, L., Jenab, M., Turati, F., Pasquali, E., Pelucchi, C., Galeone, C., Bellocco, R., Negri, E., Corrao, G., Boffetta, P. and La Vecchia, C. (2015) Alcohol Consumption and Site-Specific Cancer Risk: A Comprehensive Dose-Response Meta-Analysis, *British Journal of Cancer*, 112 (3), 580-593.

Shimazu, T., Inoue, M., Sasazuki, S., Iwasaki, M., Kurahashi, N., Yamaji, T. and Tsugane, S.: Japan Public Health Center-based Prospective Study Group. (2008) Alcohol and Risk of Lung Cancer among Japanese Men: Data from a Large-Scale Population-Based Cohort Study, the JPHC Study, *Cancer Causes and Control*, 19 (10), 1095-1102.

補論

Imbens, G. W. and Rubin, D. B. (2015) *Causal Inference for Statistics, Social, and Biomedical Sciences: An Introduction*, Cambridge University Press.

Pearl, J. (1995) Causal Diagrams for Empirical Research, *Biometrika*, 82 (4), 669-688.

Rossouw, J. E., Anderson, G. L., Prentice, R. L., LaCroix, A. Z., Kooperberg, C., Stefanick, M. L., Jackson, R. D., Beresford, S. A., Howard, B. V., Johnson, K. C., Kotchen, J. M. and Ockene, J.; Writing Group for the Women's Health Initiative Investigators (2002) Risks and Benefits of Estrogen plus Progestin in Healthy Postmenopausal Women: Principal Results from the Women's Health Initiative Randomized Controlled Trial, *JAMA*, 288(3), 321-333.

Manson, J. E., Hsia, J., Johnson, K. C., Rossouw, J. E., Assaf, A. R., Lasser, N. L., Trevisan, M., Black, H. R., Heckbert, S. R., Detrano, R., Strickland, O. L., Wong, N. D., Crouse, J. R., Stein, E. and Cushman, M.; Women's Health Initiative Investigators (2003) Estrogen plus Progestin and the Risk of Coronary Heart Disease, *The New England Journal of Medicine*, 349 (6), 523-534.

第7章

Dale, S. B. and Krueger, A. B. (2002) Estimating the Payoff to Attending a More Selective College: An Application of Selection on Observables and Unobservables, *The Quarterly Journal of Economics*, 117 (4), 1491-1527.

Dale, S. B. and Krueger, A. B. (2014) Estimating the Effects of College Characteristics over the Career Using Administrative Earnings Data, *The Journal of Human Resources*, 49 (2), 323-358.

Kambayashi, R., Kawaguchi, D. and Yokoyama, I. (2008) Wage Distribution in Japan, 1989-2003, *Canadian Journal of Economics*, 41 (4), 1329-1350.

Black, D. A., and Smith, J. A. (2004) How Robust Is the Evidence on the Effects of College Quality? Evidence from Matching, *Journal of Econometrics*, 121 (1-2), 99-124.

Bertrand, M., Karlan, D., Mullainathan, S., Shafir, E., and Zinman, J. (2010) What's Advertising Content Worth? Evidence from a Consumer Credit Marketing Field Experiment, *The Quarterly Journal of Economics*, 125 (1), 263-306.

第8章

Korte, J. E., Brennan, P., Henley, S. J. and Boffetta, P. (2002) Dose-Specific

Currie, J. (2009) Healthy, Wealthy, and Wise: Socioeconomic Status, Poor Health in Childhood, and Human Capital Development, *Journal of economic literature*, 47 (1), 87-122.

Currie, J. and Almond, D. (2011) Human Capital Development before Age Five, *Handbook of labor economics*, 4, 1315-1486.

Currie, J. and Moretti, E. (2003) Mother's Education and the Intergenerational Transmission of Human Capital: Evidence from College Openings, *The Quarterly Journal of Economics*, 1495-1532.

Greenstone, M. and Looney, A. (2011) Where Is the Best Place to Invest $102,000: In Stocks, Bonds, or a College Degree?, *Hamilton Project.*

Ahern, K.R. and Dittmar, A. K. (2012) The Changing of the Boards: The Impact on Firm Valuation of Mandated Female Board Representation, *The Quarterly Journal of Economics*, 127 (1), 137-197.

Joshi, A. and Roh, H. (2009) The Role of Context in Work Team Diversity Research: A Metaanalytic Review, *Academy of Management Journal*, 52 (3), 599-627.

Østergaard, C. R., Timmermans, B. and Kristinsson, K. (2011) Does a Different View Create Something New? The Effect of Employee Diversity on Innovation, *Research Policy*, 40 (3), 500-509.

第6章

Abdulkadiroğlu, A., Angrist, J. and Pathak, P. (2014) The Elite Illusion: Achievement Effects at Boston and New York Exam Schools, *Econometrica*, 82 (1), 137-196.

Kling, J. R., Liebman, J. B., and Katz, L. F. (2007) Experimental Analysis of Neighborhood Effects, *Econometrica*, 75 (1), 83-119.

Shigeoka, H. (2014) The Effect of Patient Cost Sharing on Utilization, Health, and Risk Protection, *American Economic Review*, 104 (7), 2152-2184.

照山博司・細野薫・松島斉・松村敏弘編（2016）「医療・介護の持続可能性と経済学：パネル討論Ⅰ」，『現代経済学の潮流2016』東洋経済，165-200.

重岡仁「気鋭の論点：医療費の「高齢者1割負担」がもたらすメリットとデメリット」2014年2月20日（木）日経ビジネスオンライン

朝井有紀子・神林龍・山口慎太郎（2016）「保育所整備と母親の就業率」『経済分析』第191号（特別編集号），123-152.

Heckman, J. J. (2006) Skill Formation and the Economics of Investing in Disadvantaged Children. *Science*, 312 (5782), 1900-1902.

Card, D. and Krueger, A. B. (1994) Minimum Wages and Employment: A Case Study of the Fast-Food Industry in New Jersey and Pennsylvania, *American Economic Review*, 84 (4), 772-793.

Card, D. and Krueger, A. B. (2000) Minimum Wages and Employment: A Case Study of the Fast-Food Industry in New Jersey and Pennsylvania: Reply, *American Economic Review*, 90 (5), 1397-1420.

Dube, A., Lester, T. W. and Reich, M. (2010) Minimum Wage Effects Across State Borders: Estimates Using Contiguous Counties, *The Review of Economics and Statistics*, 92 (4), 945-964.

大竹文雄・川口大司・鶴光太郎編著（2013）『最低賃金改革：日本の働き方をいかに変えるか』日本評論社

鶴光太郎（2013）「最低賃金の労働市場・経済への影響―諸外国の研究から得られる鳥瞰図的な視点―」*RIETI Discussion Paper Series*, 13-J-008.

Neumark, D. and Wascher, W. (2000) Minimum Wages and Employment: A Case Study of the Fast-Food Industry in New Jersey and Pennsylvania: Comment, *American Economic Review*, 90 (5), 1362-1396.

Petrosino, A., Turpin-Petrosino, C., Buehler, J. (2003) Scared Straight and Other Juvenile Awareness Programs for Preventing Juvenile Delinquency: A Systematic Review of the Randomized Experimental Evidence, *The Annals of the American Academy of Political and Social Science*, 589 (1), 41-62.

Farrington, D. P., and Welsh, B. C. (2005) Randomized Experiments in Criminology: What Have We Learned in the Last Two Decades?. *Journal of Experimental Criminology*, 1 (1), 9-38.

第5章

Gentzkow, M. and Shapiro, J. M. (2008) Preschool Television Viewing and Adolescent Test Scores: Historical Evidence from the Coleman Study, *The Quarterly Journal of Economics*, 123 (1), 279-323.

Medium-, and Long-Term Consequences of Poor Infant Health: An Analysis Using Siblings and Twins, *The Journal of Human Resources*, 43 (1), 88-138.

Lin, M. J., and Liu, J. T. (2009) Do Lower Birth Weight Babies Have Lower Grades? Twin Fixed Effect and Instrumental Variable Method Evidence from Taiwan, *Social Science & Medicine*, 68 (10), 1780-1787.

Nakamuro, M., Uzuki, Y., and Inui, T. (2013) The Effects of Birth Weight: Does Fetal Origin Really Matter for Long-run Outcomes?. *Economics Letters*, 121 (1), 53-58.

Paul, A. M. (2011) Origins: How the Nine Months Before Birth Shape the Rest of Our Lives, Free Press.

Ferrante, D., Linetzky, B., Virgolini, M., Schoj, V. and Apelberg, B. (2012) Reduction in Hospital Admissions for Acute Coronary Syndrome after the Successful Implementation of 100% Smoke-free Legislation in Argentina: A Comparison with Partial Smoking Restrictions. *Tobacco Control*, 21 (4), 402-406.

González-Rozada, M., Molinari, M. and Virgolini, M. (2008) The Economic Impact of Smoke-free Laws on Sales in Bars and Restaurants in Argentina, *CVD Prevention and Control*, 3 (4), 197-203.

Glantz, S. A. and Smith, L. R. (1997) The Effect of Ordinances Requiring Smoke-free Restaurants and Bars on Revenues: A Follow-up, *American Journal of Public Health October*, 87 (10), 1687-1693.

Glantz, S. A. and Charlesworth, A. (1999) Tourism and Hotel Revenues before and after Passage of Smoke-free Restaurant Ordinances, *JAMA*, 281 (20), 1911-1918.

第4章

Asai, Y., Kambayashi, R. and Yamaguchi, S. (2015) Childcare Availability, Household Structure, and Maternal Employment, *Journal of the Japanese and International Economies*, 38, 172-192.

山口慎太郎（2016）「差の差法で検証する「保育所整備」の効果」、岩波データサイエンス刊行委員会編 『岩波データサイエンス Vol.3 ［特集］因果推論——実世界のデータから因果を読む』岩波書店.

Marquis, M. S. (1987) Health Insurance and the Demand for Medical Care: Evidence from a Randomized Experiment, *American Economic Review*, 77 (3), 251-277.
「がんセンターとJT、肺がんリスク巡り対立　疑義に反論」朝日新聞デジタル　2016年9月30日
（http://www.asahi.com/articles/ASJ9Y5GC8J9YULBJ00J.html）
「受動喫煙による日本人の肺がんリスク約1.3倍　肺がんリスク評価『ほぼ確実』から『確実』へ」国立がんウェブサイト
（http://www.ncc.go.jp/jp/information/press_release_20160831.html）
「受動喫煙と肺がんに関わる国立がん研究センター発表に対するJTコメント」JTウェブサイト
（https://www.jti.co.jp/tobacco/responsibilities/opinion/fsc_report/20160831.html）
「受動喫煙と肺がんに関するJTコメントへの見解」国立がん研究センターウェブサイト
（http://www.ncc.go.jp/jp/information/20160928.html）
Hori, M., Tanaka, H., Wakai, K., Sasazuki, S. and Katanoda, K. (2016) Secondhand Smoke Exposure and Risk of Lung Cancer in Japan: A Systematic Review and Meta-Analysis of Epidemiologic Studies, *Japanese Journal of Clinical Oncology*, 46 (10), 942-951.

第3章

Tsugawa, Y., Jena, A. B., Figueroa, J. F., Orav, E. J., Blumenthal, D. M. and Jha, A. K. (2017) Comparison of Hospital Mortality and Readmission Rates for Medicare Patients Treated by Male vs Female Physicians, *JAMA Internal Medicine*, 177 (2), 1-8.
Royer, H. (2009) Separated at Girth: US Twin Estimates of the Effects of Birth Weight, *American Economic Journal: Applied Economics*, 1 (1), 49-85.
Black, S. E., Devereux, P. J. and Salvanes, K. G. (2007) From the Cradle to the Labor Market? The Effect of Birth Weight on Adult Outcomes, *The Quarterly Journal of Economics*, 122 (1), 409-439.
Oreopoulos, P., Stabile, M., Walld, R. and Roos, L. L. (2008) Short-,

参考文献

第1章

タイラー・ヴィーゲン　ウェブサイト
（http://tylervigen.com/spurious-correlations）

Vigen, T. (2015) *Spurious Correlations Hardcover*, Hachette Books.

Messerli, F. H. (2012) Chocolate Consumption, Cognitive Function, and Nobel Laureates, *The New England Journal of Medicine*, 367, 1562-1564.

Brickman, A. M., Khan, U. A., Provenzano, F. A., Yeung, L., Suzuki, W., Schroeter, H., Wall, M., Sloan, R. P. and Small, S. A. (2014) Enhancing Dentate Gyrus Function with Dietary Flavanols Improves Cognition in Older Adults, *Nature Neuroscience*, 17 (12), 1798-1803.

Sackett, D. L., Straus, S. E., Richardson, W. S., Rosenberg, W. and Haynes, R. B. (2000). *Evidence-based Medicine: How to Practice and Teach EBM*, Churchill Livingstone, 2 edition

第2章

Krogsbøll, L. T., Jørgensen, K. J., Grønhøj Larsen, C. and Gøtzsche, P. C. (2012) General Health Checks in Adults for Reducing Morbidity and Mortality from Disease: Cochrane Systematic Review and Meta-analysis, *BMJ*, 345, e7191.

Jørgensen, T., Jacobsen, R. K., Toft, U., Aadahl, M., Glümer, C. and Pisinger, C. (2014) Effect of Screening and Lifestyle Counselling on Incidence of Ischaemic Heart Disease in General Population: Inter99 Randomised Trial, *BMJ*, 348, g3617.

「メタボ健診　システム不備　効果検証、2割しかできず　会計検査院、改修求める」『日本経済新聞』2015年9月5日朝刊、38頁

「日本の医療費は高額　新基準で世界3位—対GDP、OECDまとめ」『日本経済新聞電子版ニュース』2016年8月21日
（http://www.nikkei.com/article/DGXLASFS18H1I_Y6A810C1SHA000/）

Manning, W. G., Newhouse, J. P., Duan, N., Keeler, E. B., Leibowitz, A. and

統計ソフトの使いかたを勉強したい人におすすめの本

9．山田剛史、杉澤武俊、村井潤一郎『Rによるやさしい統計学』オーム社、2008
10. 松浦寿幸『Stataによるデータ分析入門――経済分析の基礎からパネル・データ分析まで』第2版、東京図書、2015
11. 三輪哲、林雄亮編著『SPSSによる応用多変量解析』オーム社、2014

9

10

11

因果推論をさらに深く学びたい
上級者向けの本

【日本語】

5．星野崇宏『調査観察データの統計科学——因果推論・選択バイアス・データ融合』岩波書店、2009

6．ヨシュア・アングリスト、ヨーン・ピスケ著、大森義明、小原美紀、田中隆一、野口晴子訳『「ほとんど無害」な計量経済学——応用経済学のための実証分析ガイド』ＮＴＴ出版、2013

7．鹿野繁樹『新しい計量経済学——データで因果関係に迫る』日本評論社、2015

【英語】

8．Joshua D. Angrist, Jörn-Steffen Pischke, *Mastering 'Metrics: The Path from Cause to Effect,* Princeton University Press, 2014

5

6

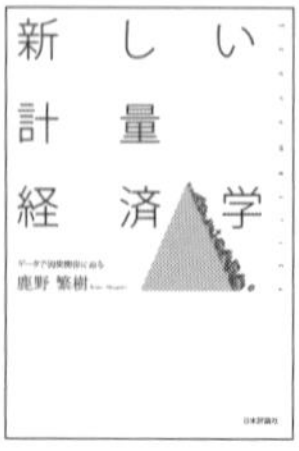

7

8

【英語】

3．Guido W. Imbens, Donald B. Rubin, *Causal Inference for Statistics, Social, and Biomedical Sciences: An Introduction*, Cambridge University Press, 2015
本書にもしばしば登場する統計学者ドナルド・ルービンと経済学者グイド・インベンスによる因果推論の教科書である。特に、ルービン自身の名を取って呼ばれるようになった「ルービンの因果モデル」を丁寧に説明している。ハーバード大学の経済学部の授業で2人が因果推論の講義を担当していた際の講義録が元になっていると言われる。英語だが、因果推論に関心のある人にはぜひ一読をおすすめしたい。

4．William R. Shadish, Thomas D. Cook, Donald T. Campbell, *Experimental and Quasi-Experimental Designs for Generalized Causal Inference*, 2nd Edition, Cengage Learning, 2002
因果推論のバイブルとも言える一冊である。もともと心理学者ドナルド・キャンベルとトマス・クックの2人によって教科書として書かれたため、今でも「クックとキャンベルの因果推論の本」として認知されている。2002年には第2版が出版され、このときにウィリアム・シャディッシュが著者に加わった。

3

4

因果推論をもっと知りたい人のためのブックガイド

因果推論を勉強したい人に
第一におすすめしたい本

【日本語】

1．田中隆一『計量経済学の第一歩――実証分析のススメ』有斐閣、2015
本書を読了した読者にまず読んでほしい本である。計量経済学のテキストブックであるが、因果推論を用いた政策評価に関する記述が極めてわかりやすい。数式もほとんど出てこないので、経済学や統計学のバックグラウンドのない人にも読みやすい良書だ。

2．岩波データサイエンス刊行委員会編『岩波データサイエンス Vol.3――［特集］因果推論―実世界のデータから因果を読む』岩波書店、2016
「岩波データサイエンス」シリーズのVol.3は因果推論の特集であり、日本におけるこの分野の第一人者たちが因果推論を解説している。方法論だけでなく、具体的な研究成果にも触れられており、充実した内容になっている。著者の1人である津川も疑似実験に関する総説を書いている。

1

2

［著者］
中室牧子（なかむろ・まきこ）
慶應義塾大学　総合政策学部　准教授
慶應義塾大学環境情報学部卒業後、日本銀行、世界銀行、東北大学を経て現職。コロンビア大学公共政策大学院にてMPA（公共政策学修士号）、コロンビア大学で教育経済学のPh.D.取得。専門は教育経済学。著書にビジネス書大賞2016準大賞を受賞し、発行部数30万部を突破した『「学力」の経済学』（ディスカヴァー・トゥエンティワン）。

津川友介（つがわ・ゆうすけ）
ハーバード公衆衛生大学院　リサーチアソシエイト
東北大学医学部卒業後、聖路加国際病院、ベス・イスラエル・ディーコネス・メディカル・センター（ハーバード大学医学部付属病院）、世界銀行を経て現職。ハーバード公衆衛生大学院にてMPH（公衆衛生学修士号）、ハーバード大学で医療政策学のPh.D.取得。専門は医療政策学、医療経済学。ブログ「医療政策学×医療経済学」で医療に関するエビデンスを発信している。

「原因と結果」の経済学――データから真実を見抜く思考法

2017年２月16日　第１刷発行
2021年５月11日　第９刷発行

著　者――――中室牧子、津川友介
発行所――――ダイヤモンド社
〒150-8409　東京都渋谷区神宮前6-12-17
https://www.diamond.co.jp/
電話／03･5778･7233（編集）　03･5778･7240（販売）

装丁デザイン――竹内雄二
本文･図版デザイン、DTP―岸和泉
校正――鷗来堂
製作進行――ダイヤモンド・グラフィック社
印刷――勇進印刷（本文）・加藤文明社（カバー）
製本――ブックアート
編集担当――上村晃大

ISBN 978-4-478-03947-2